출동! 우리말 구조대

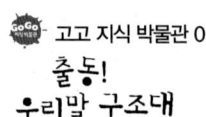 고고 지식 박물관 05
출동! 우리말 구조대
글 김민정 | 그림 우연이

초판 1쇄 펴낸날 2006년 5월 1일 | **초판 13쇄 펴낸날** 2019년 3월 4일
펴낸이 조은희 | **편집장** 한해숙 | **기획** 우리누리 | **편집** 최현정 | **디자인** 최성수, 이이환
마케팅 박영준 | **온라인 마케팅** 정보영 | **경영지원** 김효순 | **제작** 정영조, 박지훈
펴낸곳 (주)한솔수북 | **출판 등록** 제2013-000276호 | **주소** 03996 서울시 마포구 월드컵로 96 영훈빌딩 5층
전화 02-2001-5822(편집), 02-2001-5828(영업) | **전송** 02-2060-0108
전자우편 isoobook@eduhansol.co.kr | **북카페** cafe.naver.com/soobook | **페이스북** www.facebook.com/soobook2
ISBN 978-89-535-3413-1 74030 | **ISBN** 978-89-535-3408-7(세트)

ⓒ2006 우리누리·(주)한솔수북
※저작권법으로 보호받는 저작물이므로 저작권자의 서명 동의 없이 다른 곳에 옮겨 싣거나 베껴 쓸 수 없으며 전산장치에 저장할 수 없습니다.
※값은 뒤표지에 있습니다.

어린이제품안전특별법에 의한 제품 표시
품명 아동 도서 | **사용연령** 만 8세 이상 어린이 제품 | **제조국** 대한민국 | **제조자명** ㈜한솔수북 | **제조년월** 2019년 3월

한솔수북 한솔수북의 모든 책은 아이의 눈, 엄마의 마음으로 만듭니다.

출동! 우리말 구조대

GoGo 지식 박물관

우리말은 우리가 지킨다!

　우리가 재미있게 얘기하고, 즐겁게 노래 부르고, 멋지게 글을 쓰고, 신나게 컴퓨터를 할 때 없어서는 안 되는 것이 있어요. 바로 우리말이에요. 우리말은 물이나 공기처럼 우리 생활에 꼭 필요한 것이지요.
　그런데 어느 날 갑자기 우리말이 오간 데 없이 사라진다면 어떤 일이 벌어질까요? 그동안 우리는 무심코 맞춤법에 맞지 않은 말을 쓰고, 띄어 써야 할 때 띄어 쓰지 않고, 훌륭한 우리말을 두고 낯선 외래어를 썼어요. 그러는 사이에 우리말이 조금씩 오염되었지요.
　어느 날, 오염된 우리말이 반란을 일으켰어요. 우리말을 올바르게 사용하지 않으면 영원히 사라지겠노라고 엄포를 놓았어요.
　드디어 우리말 반란군과 우리말 구조대가 흥미진진한 대결을 벌입니다. 우리말 반란군은 상상할 수조차 없는 갖가지 음모를 꾸며요. 책 속에서 글자를 사라지게 하고, 낱말 뜻을 잘못 쓴 아이들을 꽁꽁 얼려 버리고, 맞춤법을 틀리면 그림 속에 가두는 등 온갖 사건을 터뜨렸지요. 이에 뒤질세라 우리말 구조대는 똘똘 뭉쳐서, 우리의 정신과 문화를 담고 있는 우리말을 지키려고 사건 현장으로 출동합니다. 과연 우리말 구조대는 사건을 해결하고 우리말을 지킬 수 있을까요?

사건을 푸는 열쇠는 바로 올바른 우리말! 우리말을 잘 알고 올바르게 쓰면 사건을 쉽게 해결할 수 있을 거예요.

　우리말 구조대가 사건을 하나씩 풀어 가는 모습을 보면서 올바른 맞춤법, 띄어쓰기, 정확한 낱말 뜻, 순수한 우리말 따위를 알 수 있고, 우리말이 얼마나 뜻 깊고 소중한지 느낄 거예요. 더불어 우리말 실력과 우리말을 사랑하는 마음도 쑥쑥 자라겠지요.

　세계에서 가장 쉽고 아름다운 우리말, 자랑스럽고 아름다운 우리말을 올바르게 쓰면 우리말은 영원히 우리 곁에서 눈부시게 빛날 거예요.

　우리말은 우리가 지킨다!

　자, 그럼 우리말 구조대와 함께 우리말을 지키러 출동해 볼까요?

글쓴이 김민정

우리말 차림표

머리말 4

나오는 사람 8

사라진 글자들 10

글자들의 수수께끼 12

공포의 시험지 20

예사말을 잡아라 34

동물들이 변했어요 43

위험한 숨은그림찾기 55

초대장의 비밀 65

우리말 겨루기 80

글자 도시 92

글자 사냥꾼 108

우리말 바로 쓰기 121

나오는 사람
우리말 구조대와 글자 사냥꾼

화랑
글자 사냥꾼에 맞서 우리말을 지키는 우리말 구조대 대장이다. 용감하고 정의로우며, 사건이 일어나면 가장 먼저 현장으로 달려간다. 글자 사냥꾼이 온갖 수단과 방법을 가리지 않고 우리말을 파괴하려 할 때 포기하지 않고 끝까지 우리말을 지켜 낸다.

슬찬
슬기로움이 가득 차다는 뜻의 우리말 이름을 가진 소년. 초등학교 3학년으로 우리말에 능통한 천재다. 추리력, 사고력이 뛰어나서 사건의 실마리를 찾아 우리말 구조대를 돕는다. 수줍음이 많아서 칭찬을 들으면 얼굴이 금세 빨개진다.

아리
우리말 구조대원 가운데 하나뿐인 여자 대원이다. 책임감과 자존심이 강하다. 씩씩하고 용감하며 우리말에 대한 지식이 풍부하다. 겉으로는 냉정하고 차가워 보이지만 마음이 여리고 정이 많다.

용바우

우리말 구조대원으로 덩치는 크지만 겁이 많다. 머리보다는 힘으로 사건을 해결하려 한다. 미술관에 갔다가 그림 속에 갇히는 봉변을 당하기도 한다. 아리를 짝사랑하여 화랑과 아리 사이를 질투한다.

글자 사냥꾼

글자들을 없애 버리는 악당으로, 우리말을 파괴하려는 속셈이 있다. 글자들을 세균에 감염시켜 반란을 일으키게 하려고, 미술관 관리인, 우편집배원, 우리말 겨루기 진행자로 변장하여 나온다. 우리말 구조대를 글자 도시에 가두려는 음모를 꾸민다.

그 밖에 사건이 일어나는 곳에 따라 도서관 사서, 의사, 선생님, 아이들을 비롯하여 여러 사람이 나온다.

사라진 글자들

에엥, 에엥, 에엥…….

"비상! 비상! 우리말 구조대는 빨리 출동 준비하라!"

화랑은 책상 위에 있는 수화기를 들고 다급하게 출동 명령을 내렸어요.

조금 뒤 체육관과 연결된 문이 활짝 열리면서 아리가 헐레벌떡 뛰어 들어왔어요. 아리는 우리말 구조대에 하나밖에 없는 여자 대원이에요.

"대장! 출동이라고? 사건이 터진 거야?"

"우리말 구조대의 능력을 보여 줄 때가 왔어. 용바우는 왜 아직까지 안 나타나는 거야?"

아리는 출동할 때 가져갈 장비들을 서둘러 챙기며 대꾸했어요.

"보나마나 부엌에서 냉장고를 뒤지거나 휴게실에서 코를 골며 세상 모르고 자고 있을걸."

"이봐, 용바우. 비상벨 소리 못 들었어? 얼른 출동해."

"뭐, 출동?"

용바우는 입안 가득 빵을 문 채 부엌을 나와 화랑과 같이 주차장으로 뛰었어요.

부앙 부앙 부아아앙…….

요란한 소리를 내며 오토바이가 한꺼번에 출발했어요.

우리말 구조대가 달려간 곳은 마을 도서관의 어린이 열람실이었어요. 구조대원들이 열람실 안으로 뛰어 들어갔을 때 아이들은 하나같이 책을 펼쳐 놓고 엉엉 울었어요.

엄마들은 아이들을 달래느라 애를 먹고 있었지요.

"그만 울어. 우리말 구조대가 도와주러 왔잖아?"

"으아앙, 으아앙."

아이들은 더욱 크게 울어 댔어요.

우리말 구조대 대장인 화랑은 아이들을 살펴보고 나서 도서관 사서한테 다가가 물었어요.

"어찌 된 일입니까?"

"그……, 그게 말이죠, 어떻게 설명해야 할지 모르겠어요. 먼저 책을 한번 보세요."

사서는 떨리는 손으로 화랑한테 책을 건넸어요.

화랑은 황급히 책을 펼쳐 보았어요.

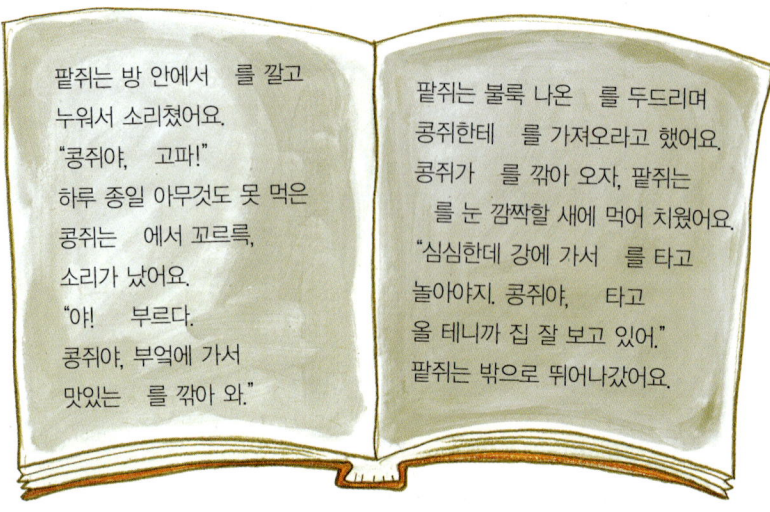

팥쥐는 방 안에서   를 깔고 누워서 소리쳤어요.
"콩쥐야,   고파!"
하루 종일 아무것도 못 먹은 콩쥐는   에서 꼬르륵, 소리가 났어요.
"야!   부르다.
콩쥐야, 부엌에 가서 맛있는   를 깎아 와."

팥쥐는 불룩 나온   를 두드리며 콩쥐한테   를 가져오라고 했어요.
콩쥐가   를 깎아 오자, 팥쥐는   를 눈 깜짝할 새에 먹어 치웠어요.
"심심한데 강에 가서   를 타고 놀아야지. 콩쥐야,   타고 올 테니까 집 잘 보고 있어."
팥쥐는 밖으로 뛰어나갔어요.

"아이들이 좋아하는 콩쥐 팥쥐 이야기가 아닙니까?"

화랑은 책을 펼친 그대로 아리와 용바우한테 넘겨주고 사서한테 물었어요.

"이상하네요? 책장마다 글자들이 드문드문 빠져 있군요."

사서는 열람실에 있는 다른 책들을 가리키며 말했어요.

"다른 책들도 이 책처럼 글자들이 사라져 버렸어요. 도무지 책을 읽을 수가 없어요."

아이들은 울먹이며 소리쳤어요.

"사라진 글자들을 찾아 주세요."

"얘들아, 걱정 마! 이런 일쯤은 우리말 구조대가 뚝딱 해결해 줄 테니까."

용바우가 으스대며 큰소리치자, 아리가 옆구리를 쿡 찔러 주의를 주며 사서한테 말했어요.

"잘 알겠습니다. 글자가 사라진 책들을 사무실로 가져가 조사해 보겠습니다."

아리는 책들을 옮겼어요.

늦은 밤, 밖은 깜깜했지만 우리말 구조대 사무실은 대낮처럼 환하게 불이 켜져 있었어요.

"야호! 드디어 우리말 구조대가 첫 번째 사건을 맡았어. 그동안 일이 없어서 문을 닫을 판이었는데, 하늘이 도운 게 틀림없어. 아니지? 사라진 글자들이 도운 건가?"

용바우는 머리를 긁적이며 고개를 갸웃거렸어요.

골똘히 생각에 잠겨 있던 화랑은 용바우 어깨에 손을 얹으며 말했어요.

"내일 슬찬이한테 연락하자."

아리가 퉁명스럽게 말했어요.

"대장, 그럴 필요 있겠어? 이쯤은 우리도 너끈히 해결할 수 있잖아?"

화랑은 심각한 얼굴로 말했어요.
"이건 우리끼리 해결할 문제가 아니야. 어쩐지 예감이 안 좋아."

다음 날, 우리말 구조대 사무실은 여느 때와 달리 이른 아침부터 바삐 돌아갔어요. 삼총사는 한 소년과 함께 글자가 사라진 책들을 들여다보고 있었지요. 얼굴을 절반이나 가릴 만큼 커다란 안경을 쓴 소년은 초등학교 3학년인 슬찬이었어요.
화랑이 조심스레 물었어요.
"슬찬아, 뭣 좀 알아냈어?"
슬찬이는 책에서 눈을 안 떼고 고개만 가로저었어요.
"뭐야? 우리말 천재 소년도 별수 없군."
용바우가 비아냥거리자 화랑이 용바우를 째려보았어요.
화랑은 슬찬이한테 또다시 조심스럽게 물었어요.
"슬찬아, 사라진 글자들을 찾을 수 있겠어?"
슬찬이는 흘러내린 안경을 추어올리며 말했어요.
"글자들은 사라진 게 아니에요. 수수께끼를 내고 숨은 거예요."
"글자들이 수수께끼를 내고 숨었다고?"
아리가 눈을 동그랗게 뜨고 바라보자 슬찬이는 책장을 가리키며 말했어요.
"사라진 글자 뒤에 붙은 말들을 모으면 수수께끼가 되거든요."
슬찬이는 칠판에 글자들을 또박또박 썼어요.

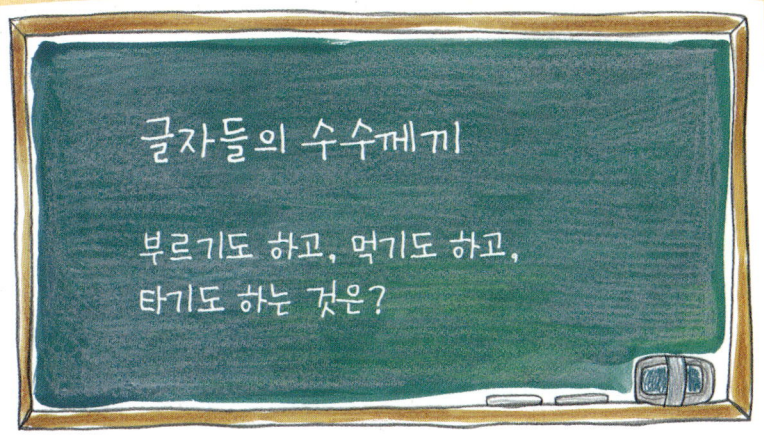

용바우는 전혀 모르겠다는 얼굴로 물었어요.

"원래 수수께끼는 힌트가 있단 말이야. 슬찬아, 힌트 없냐?"

"힌트는 이 책 안에 있어요."

슬찬이는 글자들이 사라진 책을 흔들어 보였어요.

"힌트는 필요 없어. 이미 풀었으니까!"

칠판을 뚫어져라 보고 있던 아리가 뒤돌아보며 확신에 찬 목소리로 말했어요.

"수수께끼 정답은 한 글자야. 바로 배야! 배가 가리키는 것은 세 가지야. 우리 몸에 있는 배, 과일인 먹는 배, 물 위에서 타는 배! 그러니까 배는 부르기도 하고, 먹기도 하고, 타기도 하지."

아리가 설명하고 나자 신기한 일이 일어났어요. 사라졌던 글자들이 다시 나타난 거예요.

"우아, 역시 아리는 똑똑해!"

용바우는 손뼉을 치며 호들갑을 떨었어요.

우리말 구조대는 다른 책에서 사리진 글자들도 모두 찾아냈어요.

팥쥐는 방 안에서 배를 깔고
누워서 소리쳤어요.
"콩쥐야, 배고파!"
하루 종일 아무것도 못 먹은
콩쥐는 배에서 꼬르륵,
소리가 났어요.
"야! 배 부르다.
콩쥐야, 부엌에 가서
맛있는 배를 깎아 와."

팥쥐는 불룩 나온 배를 두드리며
콩쥐한테 배를 가져오라고 했어요.
콩쥐가 배를 깎아 오자, 팥쥐는
배를 눈 깜짝할 새에 먹어 치웠어요.
"심심한데 강에 가서 배를 타고
놀아야지. 콩쥐야, 배 타고
올 테니까 집 잘 보고 있어."
팥쥐는 밖으로 뛰어나갔어요.

사라졌던 글자들은 공통점이 있어요.
모두 소리는 같지만 뜻이 다른 말들이에요.
이런 낱말들은 긴소리일 때와 짧은소리일 때
뜻이 달라요.

사람 얼굴에 있는 '눈'은 짧은소리로 읽고,
하늘에서 내리는 눈은 '누운' 하고 긴소리로 읽어요.

당신의 호수 같은
맑은 눈 속에서
헤엄치고 싶어라.

어쭈!
눈으로 맞아 볼래?

달리는 '말'은 짧은소리로 읽고,
입으로 하는 '말'은 '마알' 하고 긴소리로 읽지요.

이처럼 우리말은 소리는 같지만 뜻이 다른 말이 많아요. 그럴 때에는 문장이나 글 전체를 잘 살펴보고 낱말 뜻을 알아내야 해요.

화랑은 슬찬이 등을 토닥이며 말했어요.
"슬찬아, 고맙다! 글자들의 수수께끼를 알아내다니, 대단해!"
슬찬이는 쑥스러워 얼굴이 빨갛게 달아올랐어요.
우리말 구조대는 이렇게 첫 번째 사건을 무사히 해결했어요. 그런데 글자들은 왜 수수께끼를 내고 숨었을까요?
"드디어 걱정하던 일이 일어난 거야. 오염된 우리말이 반란을 일으킨 거라고."
화랑 얼굴에 언뜻 어둠이 스쳐 갔어요.

공포의 시험지

우리말 구조대원들이 사무실에 모이자 화랑이 말했어요.

"다들 모였으니까 회의를 하자."

용바우는 실망한 얼굴로 옆에 앉은 아리를 바라봤어요.

"대장, 오늘 잔치하자고 모이란 게 아니었어? 첫 사건을 멋지게 해결한 기념으로 말이야."

아리는 용바우를 흘겨보며 톡 쏘아붙였어요.

"용바우, 지금이 한가하게 파티나 하고 있을 때야? 낌새가 이상한 걸 모르겠어?"

용바우는 멍하게 화랑과 아리를 번갈아 보며 물었어요.

"무슨 낌새?"

화랑은 심상치 않은 얼굴로 말했어요.

"글자들이 수상해. 뭔가 큰일을 벌일 것 같아. 지난번처럼 글자들이 언제 어디서 또 사건을 일으킬지 몰라. 그러기 전에 우리가 막아야 해."

용바우가 손가락으로 코를 후비며 중얼거렸어요.

"그걸 어떻게 막느냐고?"

화랑은 주먹을 불끈 쥐고 책상을 쾅 내리쳤어요.

"어떻게든 막아야지."

그때 문이 홱 열리고 슬찬이가 안으로 뛰어 들어왔어요.

"크, 큰일 났어요. 얼른 학교에 가 봐요."

하얗게 질린 슬찬이를 바라보며 화랑이 다급하게 물었어요.

"무슨 일이야?"

"가 보면 알아요. 어서 가요. 빨리요."

우리말 구조대원들은 슬찬이와 함께 오토바이를 타고 재빨리 학교로 갔어요.

넓은 운동장에는 수업을 마치고 집으로 돌아가는 아이들로 가득했어요. 우리말 구조대와 슬찬이는 아이들 눈을 피해 뒷문으로 들어갔어요.

복도에 들어서자 용바우가 쩌렁쩌렁한 목소리로 물었어요.

"아유, 답답해. 슬찬아, 대체 무슨 일이야?"

"쉿! 다 왔어요."

앞장서서 가던 슬찬이는 어느 교실 앞에 멈췄어

요. 그리고 뒤돌아서 우리말 구조대한테 빨리 오라고 손짓했어요.

슬찬이를 따라 교실 안으로 들어간 우리말 구조대는 입을 딱 벌린 채 아무 말도 못 했어요. 눈앞에 믿을 수 없는 모습이 벌어져 있었거든요.

교실에 앉아 있는 아이들이 모두 꽁꽁 얼어붙어 있었어요.

"슬찬아, 이게 어찌 된 일이야?"

화랑은 애써 침착하게 말했지만, 몹시 놀라서 얼굴이 붉게 물들었어요.

"모르겠어요. 시험을 보고 있었는데……."

슬찬이가 말을 하고 있을 때, 웬 여자의 신음 소리가 나지막하게 들려왔어요.

"으으으……, 으으으……."

용바우는 비명을 지르며 아리 뒤로 숨었어요.

"으악!"

용바우 비명 소리에 더욱 놀란 아리는 바닥에 털썩 주저앉았지요.

"엄마야!"

　슬찬이는 교실 앞에 놓인 교탁에 다가가 우리말 구조대를 보며 말했어요.
　"놀라지 마세요. 우리 선생님이에요."
　교탁 아래에는 거의 넋이 나간 선생님이 벌벌 떨며 바닥에 웅크리고 앉아 있었어요. 선생님을 부축해 의자에 앉히고 나서, 아리는 선생님 눈을 똑바로 바라보며 물었어요.
　"우리말 구조대입니다. 이 교실에서 무슨 일이 있었는지 설명해 주시겠어요?"
　"으으……, 으으으……, 으으."
　선생님은 온몸을 사시나무 떨듯 떨며 아무 말도 못했어요.

"제가 말씀드릴게요."

슬찬이는 마른 침을 꿀꺽 삼키고 나서 말을 이었어요.

"우리는 국어 시험을 보고 있었어요. 그런데……, 친구들이 답을 적자마자 줄줄이 얼음처럼 꽁꽁 얼어붙었어요. 나중에는 저만 빼고 모두 얼어붙었지요."

"그래서 선생님이 이렇게 놀라셨구나. 가까이서 보니까 아리보다 훨씬 예쁘시네."

"용바우, 지금 뭐라고 했어?"

아리는 용바우를 무섭게 째려보았어요. 용바우는 기가 죽어 입을 꼬옥 다물었어요.

화랑이 물었어요.

"슬찬아, 시험 내용이 뭐였지?"

슬찬이는 대답 대신 화랑한테 국어 시험지를 건네주었어요.

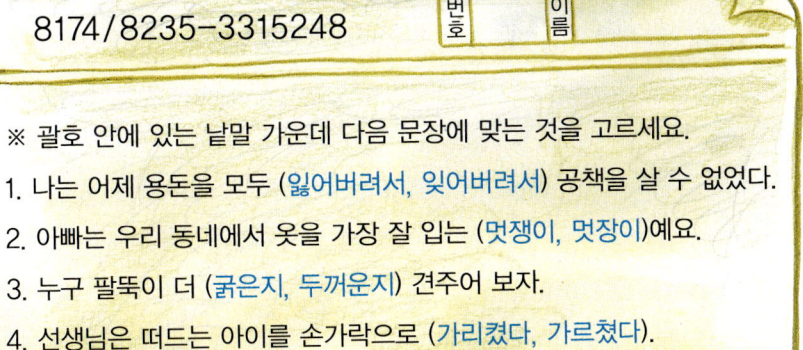

화랑이 국어 시험지를 보고 말했어요.

"모두 자주 헷갈리는 말들이군."

"대장, 나도 좀 봐."

아리는 화랑한테서 국어 시험지를 받아들고 나서 주의 깊게 살펴보았어요.

"시험지 맨 위에 있는 숫자는 뭘까? 시험지마다 똑같은 숫자가 적혀 있잖아?"

바로 그때 슬찬이 눈이 반짝 빛났어요.

"아! 그건 숫자 글자예요. 자음과 모음 대신 암호 숫자를 적은 거라고요."

슬찬이는 칠판에 다음과 같이 썼어요.

"뭐야? 이게?"

용바우가 도무지 모르겠다는 얼굴이었어요.

슬찬이는 칠판을 가리키며 말했어요.

"이것은 자음과 모음이랑 짝을 이루는 숫자를 나타낸 표예요. 이 표를 보고 숫자가 가리키는 자음과 모음을 합하면 암호를 풀 수 있어요. 빗금(/)은 글자 사이를 나타내고, 줄표(-)는 띄어쓰기를 나타내는 거예요."

슬찬이는 표를 보고 시험지 맨 위에 적혀 있는 숫자를 글자로 나타냈어요.

8174/8235-3315248 → 얼음 땡

"얼음 땡이라면 애들 놀이 아냐? '얼음' 하면 움직이지 않고 '땡' 하면 움직이는 거 말이야. 글자들이 우리랑 얼음 땡 놀이를 하자는 거야 뭐야?"

용바우는 갑자기 흥분하여 큰 소리로 말했어요. 그때 화랑이 느닷없이 용바우 등을 손바닥으로 탁 쳤어요.

"그래, 그거야. 얼음 땡 놀이처럼 얼어 있는 아이들이 땡 하면 다시 움직일지도 몰라. 그런데 어떻게 땡을 해 주지?"

얼어붙은 아이들 사이를 돌아다니며 시험지를 들춰 보던 아리가 날카롭게 말했어요.

"아이들 시험지마다 틀린 답이 적혀 있어. 그렇다면 아이들이 틀린 답을 적자마자 얼어붙었다고 할 수 있지. 그래서 정답만을 적은 슬찬이만 얼지 않은 거야."

"아리 말대로라면 시험 문제를 모두 맞히면 아이들이 다시 움직일지도 모르겠군. 그렇다면 누군가 시험을 봐야겠지?"

화랑은 고개를 돌려 용바우를 바라봤어요.

"헉, 난 싫어. 정답을 못 맞히면 나도 얼음이 될 거 아냐?"

용바우는 두 손을 내저으며 고개까지 절레절레 흔들었어요.

"제가 볼게요. 반은 풀었으니까 반만 더 풀면 돼요."

슬찬이는 긴장한 얼굴로 자기 자리에 가서 앉았어요.

2. 아빠는 우리 동네에서 옷을 가장 잘 입는 (멋쟁이, 멋장이)예요.

4. 선생님은 떠드는 아이를 손가락으로 (가리켰다, 가르쳤다).

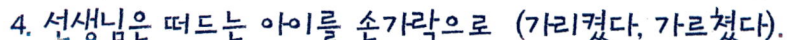

- 대장! 태권도 잘하지? 나도 태권도 좀 가리켜 줘!
- 태권도보다 말부터 배워야겠군. 내가 가르쳐 주지. 자, 따라 해 봐.
- 가리켜야 해, 가르쳐야 해?

'가르치다'는 지식이나 기술을 알려 준다는 것이고, '가리키다'는 방향이나 대상을 손짓으로 알리는 것이니까,

답은 가리켰다.

째깍 째깍 째깍 째깍…….

조용한 교실에 시곗바늘 소리만 유난히 크게 들렸어요. 시험을 보는 슬찬이 이마에는 땀이 송골송골 맺혔어요. 우리말 구조대는 숨을 죽인 채 지켜보았어요. 어느새 정신이 든 선생님은 두 손을 모아 간절히 기도했습니다.

슬찬이는 문제를 다 풀고 나서 연필을 책상에 내려놓았어요.

"다 풀었어요."

선생님은 슬찬이가 쓴 답을 맞춰 보았어요. 조금 뒤 선생님은 눈가에 맺힌 눈물을 닦으며 말했어요.

"슬찬아, 모두 맞았어."

"야호!"

용바우와 화랑은 누가 먼저랄 것도 없이 서로 부둥켜안고 기뻐했어요.

"기뻐하기엔 일러. 아이들이 아직 풀리지 않았잖아."

아리가 걱정하며 말하자, 슬찬이가 큰 소리로 외쳤어요.

"땡!"

그때였어요.

아이들이 하나 둘씩 기지개를 켜며 움직였어요.

"아함, 잘 잤다!"

아이들은 잠에서 깨듯이 얼음에서 모두 풀려났습니다.

여자말을 잡아라

에엥, 에엥, 에엥…….

우리말 구조대가 세 번째로 출동한 곳은 병원이었어요. 구조대 사무실로 신고했던 의사가 병원 입구에서 기다리고 있었어요.

"어서 오십시오. 환자들이 기다리고 있습니다."

"환자들이 왜 우리를 찾는지 물어봐도 될까요?"

화랑이 공손히 물었어요. 의사는 고개를 저으며 말했어요.

"모르겠습니다. 무조건 우리말 구조대를 불러 달라고만 했어요."

의사도 그 까닭을 몹시 궁금해하는 눈치였어요. 화랑은 더 이상 묻지 않고 의사를 따라 병실로 갔습니다.

우리말 구조대가 병실에 들어서자 환자들은 너 나 할 것 없이 이렇게 말했어요.

"제발 도와주세요."

환자들은 병원에 오게 된 까닭을 말했어요.

"우리는 모두 높임말들이에요. 병실 문 앞에 적힌 환자 이름을 보면 알 수 있을 거에요."

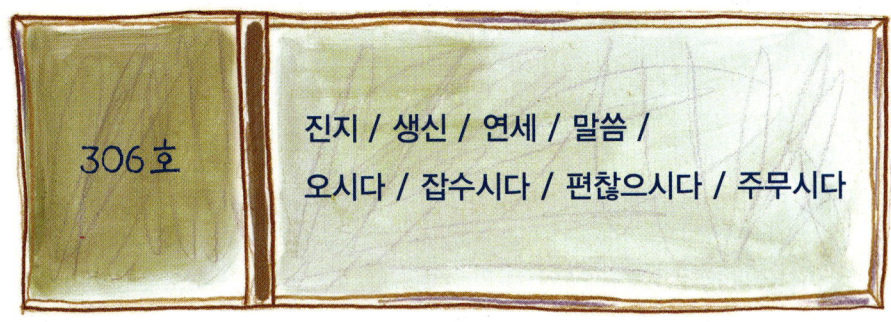

환자들은 이어서 말했어요.

"오늘 새벽에 예사말들이 갑자기 우리를 공격했어요. 많은 높임말들이 다치고 말았지요."

환자들은 온몸에 붕대를 칭칭 감고 있었어요. 흥분한 용바우가 씩씩거리며 말했어요.

"비겁한 예사말들! 갑자기 공격을 하다니! 그런데 아리, 예사말이 뭐지?"

아리는 용바우 귀에 대고 속삭였어요.

"예사말은 보통 가볍게 쓰는 말로, 친구처럼 편한 사이에 주고받는 말이잖아. 우리말 구조대가 그것도 몰라?"

아리가 쏘아붙이자 용바우는 귀까지 빨개졌어요.

화랑이 환자들한테 물었어요.

"예사말이 왜 높임말을 공격했을까요?"

"우리 높임말은 그동안 사람들한테 존경을 받아 왔어요. 예사말은 그런 우리를 미워하고 질투했지요. 그래서 우리가 자는 사이에 몰래 쳐들어와 우리를 책에서 쫓아낸 거예요."

화랑은 높임말들의 이야기를 듣고 나서 심각한 얼굴로 중얼거렸어요.

"보통 심각한 문제가 아니군. 지금쯤 예사말이 높임말 대신 책에 있을 테니까."

화랑 말대로 예사말은 높임말을 책에서 쫓아내고 그 자리를 차지하고 있었어요.

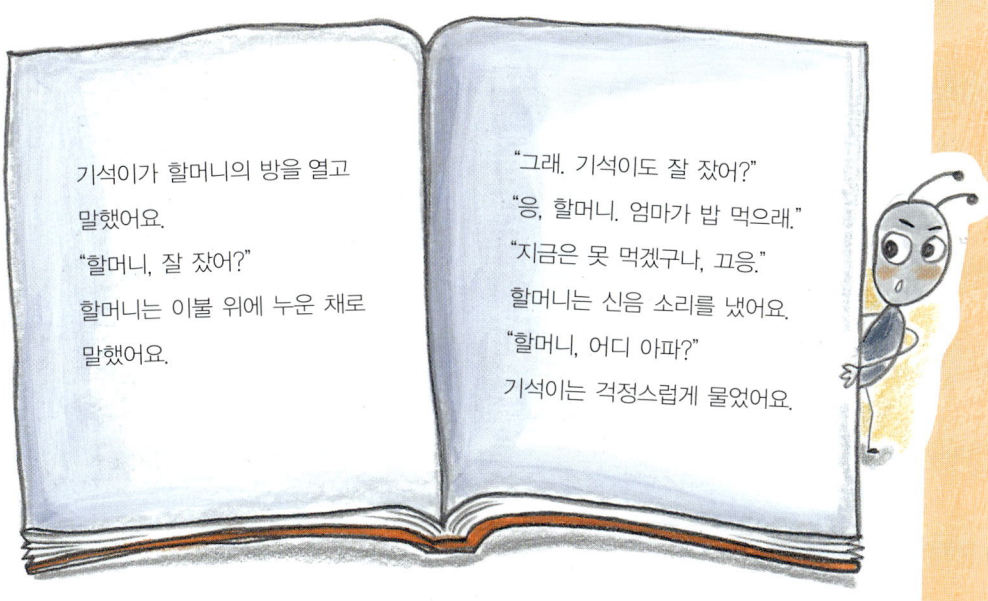

기석이가 할머니의 방을 열고 말했어요.
"할머니, 잘 잤어?"
할머니는 이불 위에 누운 채로 말했어요.
"그래. 기석이도 잘 잤어?"
"응, 할머니. 엄마가 밥 먹으래."
"지금은 못 먹겠구나. 끄응."
할머니는 신음 소리를 냈어요.
"할머니, 어디 아파?"
기석이는 걱정스럽게 물었어요.

그 뒤로 아이들한테 이상한 증세가 나타났어요. 우리말 구조대 사무실에는 하루에도 수십 통씩 전화가 걸려 왔습니다.

"우리 아이가 말을 이상하게 해요. 빨리 도와주세요."

"학생들 말버릇이 나빠졌어요. 어떻게 해야 할지 모르겠어요."

우리말 구조대원들은 사건 현장에 흩어져 각각 조사한 뒤 모이기로 했어요. 해가 넘어가고 날이 어둑어둑해져서야 구조대원들은 사무실에 다시 모였어요.

대원들은 한 사람씩 자기가 조사한 것을 말했어요.

"나이는 아홉 살. 남자 아이로, 갑자기 높임말을 하지 않음. 예를 들면 할머니와 할아버지한테 '밥 먹어.', '잘 자.' 하고 버릇없이 예사말을 함."

아리가 말하고 나자 용바우가 입을 열었어요.

"아유, 녀석들 말버릇이 진짜 나쁘더군. 선생님은 물론이고 나한테도 높임말을 안 쓰지 뭐야?"

용바우는 분이 안 풀리는 듯 씩씩거렸어요.

화랑은 조사한 내용을 받아 적던 공책을 덮으며 말했어요.

"높임말이 책에서 쫓겨나 아이들이 높임말을 잊어버린 게 틀림없어."

"높임말을 빨리 책으로 돌려보내야겠어."

아리 말에 용바우는 고개를 끄덕이며 맞장구쳤어요.

"아리 말이 맞아. 그렇고말고."

우우웅, 우우웅……, 윙윙…….

글자 청소기가 요란한 소리를 내며 돌아갔어요. 화랑은 글자 청소기의 스위치를 끄고 아리한테 넌지시 물었어요.

"어때?"

아리는 자신 넘치는 목소리로 말했어요.

"지난번에 손을 잘 봐 둬서 이번 작전은 틀림없이 성공할 거야."

"좋았어! 그럼 예사말을 잡으러 가자!"

우리말 구조대는 첫 번째 신고 전화가 걸려 온 집으로 출동했어요. 가장 먼저 글자 탐색기로 높임말을 쫓아낸 예사말을 찾았지요.

삐삐삐삐…….

책꽂이에서 글자 탐색기가 경보음을 냈어요. 조금 뒤 책꽂이에서 책 한 권이 뛰쳐나와 팔딱팔딱 달아났습니다.

"잡아라!"

화랑이 소리치자 용바우는 잽싸게 공중으로 뛰어올라 책 쪽으로 몸을 날렸어요.

"에잇!"

용바우가 버둥대는 책을 꼭 움켜잡고 책장을 힘껏 펼쳤어요.

화랑이 소리쳤어요.

"이때다!"

아리는 펼쳐진 책장에 글자 청소기를 갖다 대고 스위치를 켰어요. 진공청소기가 먼지를 빨아들이듯 글자 청소기는 높임말을 쫓아낸 예사말을 쭉쭉 빨아들였어요.

우리말 구조대는 신고 전화가 걸려 온 데를 돌며 문제가 된 예사말들을 모조리 글자 청소기로 빨아들였어요. 잡아 온 예사말들은 항아리처럼 생긴 글자 감옥에 가두고 뚜껑을 덮었습니다.

용바우는 뚜껑을 주먹으로 쾅쾅 치며 말했어요.

"요 심술쟁이 예사말들아! 글자 감옥에 갇힌 소감이 어때? 높임말들을 괴롭히더니, 꼴 좋다."

아리는 장비들을 챙기며 말했어요.

"그나저나 높임말들이 빨리 나아야 원래 자리로 돌아갈 텐데……."

그때 화랑이 싱글벙글 웃으며 문을 열고 들어왔어요.

"아리, 걱정 마. 높임말들은 모두 퇴원했어. 방금 병원에 다녀오는 길이야. 지금쯤 높임말들은 원래 있던 책으로 돌아가 있을걸."

기석이가 할머니의 방을 열고 말했어요.
"할머니, 안녕히 주무셨어요?"
할머니는 이불 위에 누운 채로 말했어요.

"그래. 기석이도 잘 잤어?"
"네, 할머니. 엄마가 진지 잡수시래요."
"지금은 못 먹겠구나, 끄응."
할머니는 신음 소리를 냈어요.
"할머니, 어디 편찮으세요?"
기석이는 걱정스럽게 물었어요.

높임말에는 공경하는 마음이 담겨 있어요. 높임말을 쓰면 어른을 기쁘게 해 드릴 뿐 아니라 예의 바른 어린이가 될 거예요.

화랑 말대로 높임말들은 원래 자리로 돌아갔어요.

높임말들이 책으로 돌아가자 아이들은 다시 높임말을 쓰게 되었어요.

작전을 깔끔하게 마친 우리말 구조대원들은 슬찬이와 함께 저녁을 먹었어요. 밥을 먹고 나자 슬찬이가 수저를 식탁에 놓으며 말했어요.

"맛있게 잘 먹었어."

"뭐야? 또야?"

용바우가 소스라치게 놀라자, 슬찬이가 씨익 웃으며 말했어요.

"농담이에요. 맛있게 잘 먹었습니다."

"하하하!"

우리말 구조대 사무실에 웃음꽃이 활짝 피었습니다.

동물들이 변했어요

"둘 다 이리 와서 이것 좀 읽어 볼래?"

컴퓨터 화면을 뚫어져라 보던 화랑이 아리와 용바우한테 손짓하며 말했어요.

"뭔데? 대장, 재미있는 게임이라도 있어?"

용바우는 과자 부스러기를 입에 탈탈 털어 넣으며 화랑 옆으로 다가갔어요.

"뭐야? 편지잖아. 우리한테 온 거로군."

용바우는 편지를 천천히 읽어 내려갔어요.

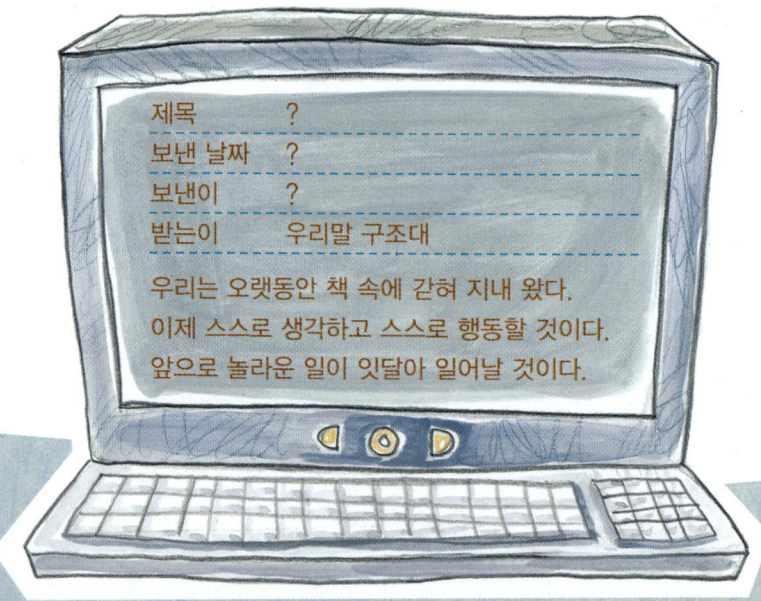

제목 ?
보낸 날짜 ?
보낸이 ?
받는이 우리말 구조대

우리는 오랫동안 책 속에 갇혀 지내 왔다.
이제 스스로 생각하고 스스로 행동할 것이다.
앞으로 놀라운 일이 잇달아 일어날 것이다.

"에이, 장난 편지네. 이런 편지는 지워 버리면 되거든."

용바우가 편지를 지우려 하자 옆에 있던 아리가 막았어요.

"안 돼. 이건 장난 편지가 아니야. 이 편지는 글자들이 보낸 거라고."

아리 말에 화랑이 맞장구쳤어요.

"나도 아리 생각과 같아. 이건 글자들이 보낸 경고야."

그때 텔레비전에서 뉴스 속보가 나왔어요. 아나운서는 다급하게 소식을 전했어요.

"뉴스 속보입니다. 동물원에 있는 동물들한테 사고가 났습니다. 당분간 시민 여러분께서는 동물원에 가지 마시기 바랍니다. 다시 한 번 말씀드리겠습니다……."

뉴스 속보를 보던 화랑은 벌떡 일어나 문 밖으로 뛰어나갔어요. 아리도 곧바로 따라갔지요.

"대장, 아리, 어디 가? 같이 가!"

용바우도 얼떨결에 뒤쫓아갔어요.

우리말 구조대가 동물원에 다다랐을 때 동물원은 텅 비어 있었어요. 동물들은 온데간데없고, 사육사들도 안 보였지요. 동물원 이곳저곳을 샅샅이 뒤져 보았지만 아무것도 찾을 수 없었어요.

용바우가 어안이 벙벙한 얼굴로 화랑을 바라봤어요.

"대장, 우리가 뉴스 속보를 잘못 봤니?"

화랑도 얼떨떨하기는 마찬가지였어요.

"잘못 봤어도 그렇지. 동물원에 동물이 없다는 게 말이 돼?"

그때 아리가 코끼리 우리 앞에서 화랑과 용바우를 큰 소리로 불렀어요.

"화랑, 용바우, 이리 와 봐. 빨리!"

화랑과 용바우는 아리한테 달려갔어요.

"헉! 헉! 뭐 좀 찾았어?"

화랑은 숨을 헐떡거리며 물었어요. 아리는 말없이 우리 앞에 붙어 있는 동물 안내판을 가리켰어요.

- 몸길이 : 6.4미터
- 몸무게 : 6~7톤
- 먹   이 : 나무껍질, 과일, 풀
- 특   징 : 코끼리는 코가 아주 짧다.
         몸에 빨간 털이 나 있다.

코끼리

"뭐야, 그냥 동물 안내판이잖아? 아유, 뛰었더니 힘드네. 난 좀 쉬어야겠어."

용바우는 안내판을 슬쩍 훑어보더니 싱겁다는 듯이 그대로 바닥에 주저앉았어요.

아리는 심각한 얼굴로 말했어요.

"그럴 일이 아니야. 다시 잘 봐. 그림도 이상하고 설명도 잘못 돼

있잖아."

 화랑은 눈을 크게 뜨고 안내판을 자세히 보았어요.

 "어, 정말! 코끼리 코가 짧고, 몸에 빨간 털이 났다고? 뭔가 이상해. 다른 우리에도 가 보자."

 화랑은 멀찍이 떨어져 있는 호랑이 우리 쪽으로 뛰어갔어요. 아리도 재빨리 뒤따라갔지요.

 "어라? 또 둘만 가네? 같이 가!"

 용바우는 엉거주춤 일어나 뒤쫓아 갔습니다.

 화랑이 호랑이 안내판을 가리키며 소리쳤어요.

- 몸길이 : 3미터
- 몸무게 : 250킬로그램
- 먹   이 : 멧돼지, 사슴 따위
- 특   징 : 호랑이는 나무를 잘 탄다. 헤엄을 못 친다.

"호랑이가 나무를 잘 타고 헤엄을 못 친다고? 말도 안 돼."

"이건 글자들 짓이 틀림없어. 우리한테 보낸 경고대로 뭔가 놀라운 일을 벌인 것 같은데……."

아리는 걱정되어 말을 못 이었어요.

그때였어요. 용바우가 엉엉 우는 남자를 등에 업고 나타났어요.

"아이고, 아무리 남자라고 하지만 진짜 무겁네. 이제 그만 좀 울어요. 뚝!"

"뚝!"

남자는 용바우가 시킨 대로 울음을 그쳤어요. 화랑은 호기심이 가득한 눈빛으로 남자를 바라보며 물었어요.

"누구신지?"

남자는 용바우 등에 업힌 채 말했어요.

"전 사육사예요. 이 동물원에서 동물을 돌보고 있죠."

아리는 사육사한테 다그쳐 물었어요.

"동물들은 모두 어디 갔어요?"

사육사는 또다시 엉엉 울었어요.

"무서웠어요. 정말 너무너무 무서웠다고요. 엉엉."

우리말 구조대는 사육사를 달래서 두 가지 이야기를 들을 수 있었어요. 하나는 동물들이 동물원 뒷산에 있는 동굴로 갔다는 것과, 또 하나는 안내판에 적힌 대로 동물들이 괴상하게 변했다는 것이었어요.

사육사 말대로 동물원 뒷산에는 커다란 동굴이 있었어요.

용바우는 손전등을 들고 앞장서 가며 말했어요.

"이 동굴에 동물들이 있단 말이지? 대장, 뭘 꾸물대? 어서 들어가자."

"그보다 먼저 해결할 일이 있어. 용바우는 여기서 동굴 앞을 지키고 있어. 아리와 나는 다녀올 데가 있으니까."

화랑은 아리와 함께 동물원으로 되돌아갔어요. 동물 앞에 털썩 주저앉은 용바우는 입을 쭉 내밀고 삐죽거렸어요.

"뭐야? 또 나만 두고 둘이 가는 거야?"

동물들이 변했어요 49

화랑과 아리는 코끼리 우리 앞에 유성 펜을 들고 섰어요.

"아리, 준비됐지?"

"대장, 준비됐어."

"그럼 동물 안내판을 고쳐 볼까?"

화랑과 아리는 안내판에 가까이 다가갔어요.

꾸며 주는 말은 낱말이나 문장을 더 실감 나게, 더 자세하게, 더 재미있게 해 주는 구실을 해요.

코끼리는 코가 아주 짧다.
몸에 빨간 털이 나 있다.

'아주'는 '짧다'를 더 자세히 꾸며 주고,
'빨간'은 '털'을 더 실감 나게 꾸며 주고 있어요.
'아주', '빨간'과 같은 말을 꾸며 주는 말이라고 해요.

> 호랑이는 나무를 잘 탄다.
> 헤엄을 못 친다.

'잘'은 '탄다'를 더 실감 나게 꾸며 주고,
'못'은 '친다'를 더 자세히 꾸며 주고 있어요.
'잘', '못'도 꾸며 주는 말이에요.

> 호랑이는 나무를 못 탄다.
> 헤엄을 잘 친다.

이처럼 꾸며 주는 말을
알맞게 넣지 않으면 문장의 뜻이 달라져요.
꾸며 주는 말은 알맞게 잘 써야 해요.
꾸며 주는 말을 알맞게 넣어 고친 동물 안내판을 볼까요?

동물들이 변했어요 51

- 몸길이 : 6.4미터
- 몸무게 : 6~7톤
- 먹   이 : 나무껍질, 과일, 풀
- 특   징 : 코끼리는 커다란 이빨과 기다란 코가 있다. 몸에 뻣뻣한 털이 나 있다.

코끼리

- 몸길이 : 3미터
- 몸무게 : 250킬로그램
- 먹   이 : 멧돼지, 사슴 따위
- 특   징 : 호랑이는 나무를 잘 못 탄다. 헤엄을 잘 친다.

호랑이

"휴, 다 했다."

화랑과 아리는 코끼리와 호랑이뿐 아니라 동물원에 있는 동물 안내판을 모두 고쳤어요.

"아리, 안내판을 고쳐 쓰긴 했는데, 과연 동물들이 원래 모습으로 돌아왔을까?"

"글쎄, 어쨌든 최선을 다했으니까 두고 봐야지."

그때 갑자기 우레와 같은 소리가 들려왔어요.

우르르 쾅쾅쾅, 우르르 쿵쿵쿵…….

화랑과 아리는 깜짝 놀라 소리 나는 쪽을 바라봤어요. 사육사들

이 동물들을 데리고 동물원으로 돌아오고 있었어요.

"아리, 성공이야. 동물들이 원래 모습을 되찾았어."

화랑은 아리를 와락 껴안았어요.

"뭐야? 나만 빼놓고 둘이 데이트한 거야?"

어느 틈에 나타난 용바우가 씩씩거리며 화랑과 아리를 번갈아 노려봤어요.

"그, 그게 아니고……."

당황한 화랑은 말끝을 흐렸고, 얼굴이 빨개진 아리는 고개를 푹 숙였어요.

"대장, 아리 못 봤어?"

용바우가 우리말 구조대 사무실 문을 열고 들어오며 화랑한테 물었어요. 손에는 꽃다발을 들고 있었지요.

"좀 전에 미술관에 갔어. 웬 꽃다발이야?"

용바우는 능청스럽게 웃으며 말했어요.

"아리 주려고 샀지. 어때? 꽃들이 아리처럼 예쁘지? 헤헤."

부리나케 밖으로 나간 용바우는 주차장에 세워 둔 오토바이를 타고 미술관으로 향했어요.

용바우는 꽃다발을 들고 미술관 안으로 뛰어 들어갔어요. 구경하는 사람들은 많지 않았어요.

용바우는 두리번거리며 큰 소리로 불렀어요.

"아리! 아리! 어디 있어?"

험상궂게 생긴 관리인이 다가와 용바우 귀에 속삭였어요.

"쉿! 조용히 해 주세요. 그렇게 소리치면 그림들이 놀라니까요."

"그림들이 놀란다고요? 그림들이 살아 있기라도 한다는 말이에요? 푸헤헤헤."

용바우가 비웃자 관리인은 잔뜩 얼굴을 찌푸렸어요. 용바우는 움찔해서 입을 꼭 다물고 이 층으로 올라갔어요.

"도대체 아리는 어디 있는 거야?"

이 층을 둘러보던 용바우는 구석진 자리에 걸려 있는 그림 앞에 멈춰 섰어요.

그림 속에 숨어 있는 것들을 찾아 써 보세요.

"그림 속에 숨어 있는 것들을 찾아 써 보세요? 이거 숨은그림찾기구나. 재미있겠는걸. 어디 한번 해 볼까?"

그림을 훑어보던 용바우는 픽 웃었어요.

"뭐야? 식은 죽 먹기잖아."

용바우는 그림 아래에 걸려 있는 칠판에 분필로 답을 썼어요.

용바우가 손에 묻은 분필 가루를 탁탁 털어 내며 말했어요.

"네, 모두 맞혔습니다. 딩동댕!"

용바우가 말하자마자 곧바로 온 미술관이 쩌렁쩌렁 울리도록 우렁찬 목소리가 들려왔어요.

"모두 틀렸다!"

깜짝 놀란 용바우는 숨을 죽이고 둘레를 돌아보았어요. 미술관 이 층에는 아무도 없었어요.

"누구야? 장난하면 가만 두지……."

용바우는 끝까지 말을 할 수가 없었어요. 갑자기 깊은 잠에 빠져 버렸거든요.

몇 시간이 지났어요. 미술관 앞에는 우리말 구조대 오토바이 세 대가 나란히 세워져 있었어요.
"용바우가 나를 찾아서 미술관에 갔단 말이지?"
"그렇다니까. 그런데 몇 시간째 연락이 없어."
화랑과 아리는 미술관 계단에 서서 이야기를 주고받았어요.
아리는 험상궂게 생긴 관리인을 가리키며 말했어요.
"대장, 저기 저 사람이 용바우를 봤을지도 몰라. 가서 물어보자."
"그래, 그러자."
화랑과 아리는 미술관 안쪽에 서 있는 관리인한테 다가갔어요.
"실례합니다. 혹시 키 크고 덩치 큰 남자를 보셨나요?"
관리인은 말없이 고개를 저었어요.
"저기, 얼굴이랑 팔다리에 털이 많거든요. 못 보셨어요?"
화랑이 또 묻자 관리인은 무뚝뚝하게 대꾸했어요.
"그런 사람 못 봤습니다. 문 닫을 시간이에요. 어서 나가 주세요."
화랑과 아리는 하는 수 없이 미술관 밖으로 나왔어요.
아리는 용바우 오토바이를 보며 말했어요.
"오토바이는 여기 있는데, 도대체 어딜 간 거야?"
"아리, 왠지 수상해. 이 중을 둘러봐야겠어."

화랑은 미술관으로 다시 뛰어 들어갔어요. 아리도 따라 뛰었지요.

단숨에 이 층으로 올라간 화랑과 아리는 서로 반대 방향으로 헤어져서 용바우를 찾았어요.

하지만 용바우 모습은 어디에도 보이지 않았어요.

"대장, 미술관에는 없는 것 같아. 내가 여기 없는 걸 알고는 사무실로 돌아갔을지도 모르잖아. 사무실에 가 보자."

아리가 막 계단을 내려가려는데 화랑이 소리쳤어요.

"어? 저 꽃다발은?"

화랑은 구석에 떨어진 꽃다발을 가리키며 말했어요.

"용바우가 갖고 있던 꽃다발이 왜 저기 떨어져 있지?"

꽃다발을 주워 들던 화랑이 소스라치게 놀라며 말했어요.

"아니, 세상에!"

"대장, 왜 그래?"

화랑은 떨리는 손으로 그림을 가리켰어요.

"그, 그림에 용바우가 있어."

진짜 그림 안에는 용바우가 있었어요.

"어떻게 이럴 수가!"

놀란 화랑은 입을 못 다물었어요. 하지만 아리는 매우 침착했어요. 아리는 그림 아래에 있는 칠판을 가리키며 말했어요.

"대장, 이 글씨는 용바우 글씨 아냐? 용바우가 생긴 거랑 다르게 글씨는 예쁘게 잘 쓰잖아."

　화랑은 여전히 놀란 얼굴로 말없이 고개만 끄덕였어요.
　"그런데 용바우가 쓴 글자들 말이야, 모두 잘못 썼어. 맞춤법에 어긋났다고."
　아리 말에 그제야 화랑도 글자를 자세히 보고 중얼거렸어요.
　"그렇군. 그럼 용바우가 이 글자들을 잘못 쓰고 나서 그림에 갇힌 건가?"
　그 순간 아리 눈이 번쩍 빛났어요.
　"어쩌면 대장 말이 맞을지도 몰라. 그렇다면 그림에서 나오는 방법은 그 반대겠지?"
　"반대라니?"

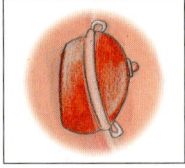   

그림 속에 숨어 있는 것들이에요. 왼쪽부터, 냄비, 베개, 지팡이, 꼭두각시.

음식을 끓이는 데 쓰는 것으로 솥보다 작은 그릇은 남비가 아니라 냄비지. 남비는 틀린 말이야.

누울 때 머리에 베는 물건은 베개야. 그런데 어떤 사람은 벼개라고 잘못 알고 있어요.

지팡이가 있으면 걸을 때 무척 도움이 되지. 지팽이가 아니고 지팡이!

꼭둑각시가 아니라 꼭두각시가 맞는 말이야.

화랑이 초조한 얼굴로 물었어요.

"반대로 맞는 글자들을 쓰면 그림 밖으로 나오지 않을까?"

아리는 분필과 지우개를 집어 들었어요. 그리고 칠판 위에 쓰여 있던 글자들을 싹싹 지우고 다시 썼어요.

맞춤법은 글자와 글자 사이의 약속이에요.
맞춤법은 표준어를 원칙으로 정해져요.
맞춤법을 틀리지 않으려면 평소에 책을 많이 읽고,
글을 많이 쓰는 게 중요해요.
날마다 일기를 쓰는 것도 좋은 방법입니다.

글자를 다 쓴 아리는 이마에 맺힌 땀을 닦으며 말했어요.

"생각보다 헷갈리는걸. 모두 맞았겠지?"

그때 어디선가 우렁찬 소리가 들려왔어요.

"모두 맞혔다!"

그 소리와 함께 온 미술관이 하얀 연기로 뒤덮였어요.

조금 뒤 연기가 사라지자 화랑과 아리 앞에 용바우 모습이 보였어요. 용바우는 몸을 웅크린 채 벌벌 떨고 있었어요.

"용바우!"

화랑과 아리는 놀라움과 반가움이 뒤섞인 목소리로 용바우를 불렀어요. 그제야 고개를 든 용바우는 느닷없이 화랑과 아리를 와락 껴안았어요.

"아리, 대장, 다시는 못 보는 줄 알았어."

용바우는 더욱 힘을 주어 화랑과 아리를 꽉 껴안았어요.

기둥 뒤에서 구조대원들을 지켜보던 관리인은 손전화로 전화를 걸었어요.

"실패했다. 다음 기회를 엿보겠다."

전화를 끊은 관리인 입가에 싸늘한 웃음이 흘렀어요.

초대장의 비밀

"대장, 아까부터 뭘 그렇게 열심히 써?"

용바우가 책상에 앉아 무언가를 쓰던 화랑한테 다가가 물었어요. 화랑은 당황하여 손으로 얼른 가렸어요.

"아, 아무것도 아냐."

화랑은 쓰던 것을 주섬주섬 챙겨 들고 밖으로 나갔어요. 용바우는 의심스러운 눈길로 바라보며 중얼거렸어요.

"아리한테 연애편지 쓰는 거 아냐?"

밖으로 나온 화랑은 공원으로 갔어요.

"아무도 없는 곳에 가서 마저 써야지."

화랑은 공원 의자에 앉아 이리저리 둘레를 살펴본 뒤 다시 무언가를 썼어요.

조금 뒤, 다 쓰고 나서 기지개를 켰어요.

"아, 이제 우체국에 가서 부치기만 하면 되겠군."

화랑이 막 의자에서 일어서려는데, 갑자기 하늘에 먹구름이 끼고 우르릉 천둥소리가 들렸어요.

"어, 비가 오려나 보네? 어쩌지?"

화랑은 걱정스러운 얼굴로 하늘을 올려다보았어요. 그때 모자를 깊게 눌러쓴 우편집배원이 화랑한테 다가와 말을 걸었어요.

"지금 우체국에 들어가는 길입니다. 제가 대신 부쳐 드리지요."

화랑은 집배원한테 우편물을 건네주었어요.

"그렇게 해 주시겠어요? 정말 고맙습니다."

"초대장이군요. 그럼 가 보겠습니다."

우편집배원은 화랑의 눈길을 피하듯 얼른 등을 돌렸어요.

화랑은 집배원 등 뒤에 대고 꾸벅 인사를 했어요.

"수고하세요."

화랑은 멀어져 가는 집배원 뒷모습을 보며 혼잣말을 했어요.

"고마운 집배원이네. 그런데……, 어디서 본 사람 같아. 어디서 봤을까?"

집배원은 공원을 빠져 나왔어요. 길가에 세워 둔 까만 승용차를 타고서 화랑이 건네준 초대장을 펴 보았지요.

"아주 간단히 썼군. 우리말 구조대, 어디 두고 보자."

우편집배원은 모자를 벗어 뒷좌석에 휙 던지고는 시동을 걸어 출발했어요.

사무실에 돌아온 화랑은 콧노래를 흥얼거리며 가방을 챙겼어요. 아리는 화랑을 보며 밝은 얼굴로 물었어요.

"대장, 무슨 좋은 일 있어?"

"글쎄, 오늘은 나 먼저 갈게. 내일 보자."

화랑은 용바우와 아리한테 손을 번쩍 들어 보이고는 문을 닫고 나갔어요. 화랑이 나가자 용바우는 묘한 눈빛으로 아리를 바라보면서 물었어요.

"아리, 화랑한테 연애편지 받았지?"

아리는 발끈해서 소리쳤어요.

"뭐라고? 용바우!"

용바우는 덤덤하게 말했어요.

"아니면 말고."

아리는 못마땅한 듯 용바우를 째려보았어요.

삐삐삐삐……, 삐삐삐삐…….

다음 날 아침, 자명종 시계가 요란하게 울렸어요. 화랑은 여느 때와 달리 한 시간이나 일찍 일어났어요.

"드디어 오늘이네. 어서 준비하자."

화랑은 서둘러 세수를 하고 집 안 청소를 했어요.

"이제 슬슬 요리를 해 볼까?"

화랑은 청소를 끝낸 뒤 앞치마를 두르고 부엌으로 갔어요.

한편, 아침 운동을 하고 집으로 돌아온 아리는 편지함에 초대장이 꽂혀 있는 것을 보고 얼른 뽑아 들었어요.

"어, 웬 초대장이지?"

아리는 초대장을 뜯어보았어요.

"이게 무슨 말이야?"

아리는 초대장을 들고 어리둥절했어요.

같은 시간, 집에서 초대장을 받은 용바우도 마찬가지로 어리둥절했습니다.

"종이전? 요즘엔 종이로 전을 만들어 먹나? 누가 이런 장난을 한 거야? 에잇!"

용바우는 버럭 화를 내며 초대장을 휴지통에 버렸습니다.

딩동딩동……, 딩동딩동…….

초인종이 울리자, 화랑은 달려가 현관문을 열며 인사했어요.

"어서 오……."

현관문 앞에는 아무도 없었어요.

"뭐지? 아이들이 장난친 건가?"

문 밖을 이리저리 둘러본 화랑은 고개를 갸우뚱했어요.

"열두 시가 지났는데 왜 아무도 안 오는 거야? 초대장을 모두 받았을 텐데……."

두 시간이 지났어요. 화랑은 여전히 혼자였어요.

"모두 너무해. 어떻게 한 명도 안 오지?"

화랑은 식탁에 차렸던 음식들을 냉장고에 집어넣고 벽을 꾸몄던 풍선들을 떼어 버렸어요.

그때였어요.

슬찬이가 슬그머니 문을 열고 안을 들여다보았어요.

"늦어서 죄송해요."

화랑은 식탁을 치우다가 문 쪽을 바라봤어요.

"슬찬아!"

슬찬이는 수줍게 웃으며 화랑한테 선물을 내밀었어요.

"화랑 형, 생일 축하해요."

"어? 그래!"

화랑은 목이 메어 제대로 말을 못 이었어요.

오늘은 다름 아닌 화랑 생일이었어요. 화랑은 생일 초대장을 보내고 생일 잔치를 마련했던 거예요. 화랑은 슬찬이와 단둘이 조촐한 생일 잔치를 하고 우리말 구조대 사무실에 나갔어요.

아리와 용바우는 컴퓨터 앞에 나란히 앉아 게임을 하고 있었어요.

"안녕!"

아리와 용바우는 화랑을 보고 반갑게 인사를 했어요.

"아리, 용바우……."

화가 머리끝까지 난 화랑은 사나운 눈빛으로 아리와 용바우를 노려보았어요. 용바우는 놀라서 말까지 더듬었어요.

"뭐, 뭐, 뭐, 뭐야!"

아리도 놀란 얼굴로 물었어요.

"대장, 화났어? 왜 그래?"

"몰라서 물어?"

화랑은 문을 쾅 닫고 나가 버렸어요.

"어? 화만 내고 그냥 가 버리네? 아리, 대장 왜 저래?"

아리는 고개를 저으며 말했어요.

"나도 몰라. 집에 무슨 일이 있나?"

집에 돌아온 화랑은 방에 들어가서 나오지 않았어요. 해가 저물고 저녁 무렵이 되었지만 여전히 방 안에서 꼼짝도 안 했어요.

화랑은 침대에 걸터앉아 씩씩거렸어요.

"초대장까지 보냈는데 생일 잔치에도 안 오고 자기들끼리 놀고 있어? 아리와 용바우를 친구라고 생각한 게 잘못이야."

화랑은 눈물이 핑 돌 만큼 속상했어요.

다음 날, 화랑은 우리말 구조대 사무실에 나가지 않았어요. 용바우가 투덜거렸어요.

"뭐야, 대장이 나오지도 않고. 아리, 전화해 볼까?"

아리는 걱정이 가득한 얼굴이었어요.

"벌써 해 봤어. 어제부터 전화를 안 받아."

그때 사무실 문이 스르르 열렸어요. 용바우가 문 쪽을 보며 소리쳤어요.

"화랑이다!"

문을 열고 들어온 사람은 화랑이 아니라 슬찬이었어요.

"어? 슬찬이구나. 어서 와."

용바우는 실망한 얼굴로 슬찬이를 맞이했어요.

슬찬이가 멋쩍은 듯 뒤통수를 긁적이며 물었어요.

"저기……, 어제 화랑 형 생일 잔치에 왜 안 오셨어요?"

아리와 용바우는 깜짝 놀라 눈이 휘둥그레졌어요.

"어제가 대장 생일이었어?"

아리는 슬찬이한테 바짝 다가가 물었어요.

"모르셨어요? 화랑 형이 초대장을 보냈잖아요?"

"초대장?"

아리는 문득 생각난 듯 서랍에 넣어 둔 초대장을 꺼냈어요.

"어? 그 초대장은 나도 받았는데. 난 또 누가 장난으로 보낸 줄 알고 휴지통에 버렸지."

아리는 고개를 끄덕이며 맞장구쳤어요.

"맞아. 초대장 내용이 좀 이상했어. 무슨 말인지 도무지 모르겠더라고."

"아, 그거요? 띄어쓰기를 잘못해서 그래요."

슬찬이는 아리한테 초대장을 건네받아 띄어쓰기에 맞게 고쳐 읽어 주었어요.

"아 기다리고 기다리던 소식. 종이 전등에 대어 보기."

용바우는 어안이 벙벙한 얼굴로 말했어요.

"뭐야? 그런 내용이었구나. 그래도 대장 생일이라는 말은 아무 데도 없잖아."

"초대장에 적힌 대로 초대장을 전등에 대어 볼게요. 어떻게 변하나 잘 보세요."

슬찬이는 종이를 불 켜진 전등에 가까이 대었어요.

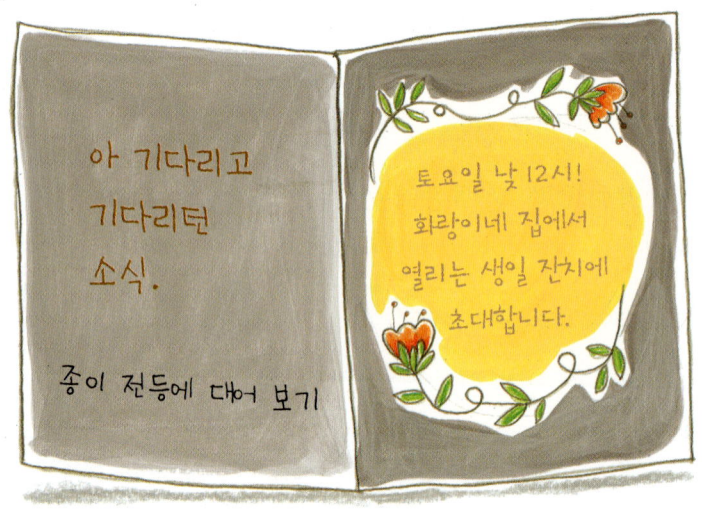

신기하게도 아무것도 쓰여 있지 않았던 오른쪽 면에 희미하게 글자가 나타났어요.

아리가 놀라워하며 말했어요.

"어, 글자가 어디서 나타났지?"

슬찬이가 용바우와 아리한테 차근차근 설명했어요.

"초대장 오른쪽 면은 레몬즙으로 글씨를 쓴 거예요. 레몬즙으로 글씨를 써서 말리면 글자가 안 보이는데, 전등에 가까이 대면 볼 수 있어요."

용바우도 신기한 듯 초대장을 손에 들고 앞뒤로 뒤집어 가며 말했어요.

"그것 참 희한하네."

그때였어요.

어느새 들어왔는지 화랑이 슬찬이 머리를 쓰다듬으며 말했어요.

"역시 우리 슬찬이가 똑똑하군."

아리가 반가운 얼굴로 소리쳤어요.

"어? 대장! 언제 왔어?"

용바우는 화랑 손을 덥석 잡으며 말했어요.

"왜 이제 온 거야?"

화랑은 멋쩍은 듯 머리를 긁적였어요.

"어제 화내서 미안해. 밤새 생각해 보니까 무슨 오해가 있었구나 싶더라고."

"맞아, 오해야. 우리가 대장 생일 잔치에 왜 일부러 안 갔겠어? 맛있는 음식도 많았을 텐데 말이야."

용바우 말에 모두 웃음을 터뜨렸어요.

"하하하하."

우리말 구조대 삼총사와 슬찬이는 어깨동무를 하고 한참 동안 깔깔대며 웃었어요.

"그런데 대장, 띄어쓰기 좀 잘하지 그랬어?"

아리가 화랑한테 넌지시 말했어요.

"뭐? 난 띄어쓰기 잘하는데?"

화랑이 자신 있게 말했어요.

띄어쓰기

글을 띄어 써야 할 때 띄어 쓰지 않으면 어떻게 될까요?
문장 내용이 달라지거나 내용을 이해하는 데 시간이 오래 걸릴 수 있어요.
띄어쓰기를 잘못하면 아주 우스꽝스러운 일이 일어날 수도 있습니다.

화랑은 아리한테 자기가 보낸 초대장을 받아 보고 소스라치게 놀랐어요.

"누가 띄어쓰기를 이렇게 엉망으로 해 놓은 거지?"

화랑은 잠깐 생각하다가 혼잣말로 중얼거렸어요.

"혹시 우편집배원이 그랬을까?"

우리말 구조대 사무실 문틈으로 이 모습을 훔쳐보던 우편집배원은 눈살을 찌푸리며 전화를 걸었어요.

"또 실패했다. 다른 방법을 써 보겠다."

우리말 겨루기

"안녕하십니까? 우리말 겨루기를 시작하겠습니다."

화랑은 텔레비전을 틀어 놓은 채 의자에 기대어 졸고 있었어요.

조금 뒤 체육관과 연결된 문을 열고 아리가 뛰어 들어왔어요.

"어, 벌써 시작했네? 대장, 일어나! 우리말 겨루기 시작했어."

아리는 화랑을 흔들어 깨웠어요. 화랑은 부스스 일어나 반쯤 뜬 눈으로 아리를 바라보며 말했어요.

"우리말 겨루기? 난 안 보는데?"

"대장, 잊었어? 오늘 슬찬이가 나온다고 했잖아. 어? 저기 봐. 슬찬이 나왔어."

아리 말대로 슬찬이가 소개를 받고 인사하는 모습이 텔레비전 화면에 비쳤어요.

짝짝짝짝……

방청객들이 힘차게 손뼉을 치자, 험상궂게 생긴 남자 진행자가 무뚝뚝한 말투로 문제를 냈습니다.

"자, 첫 번째 문제입니다. 화면을 보시죠."

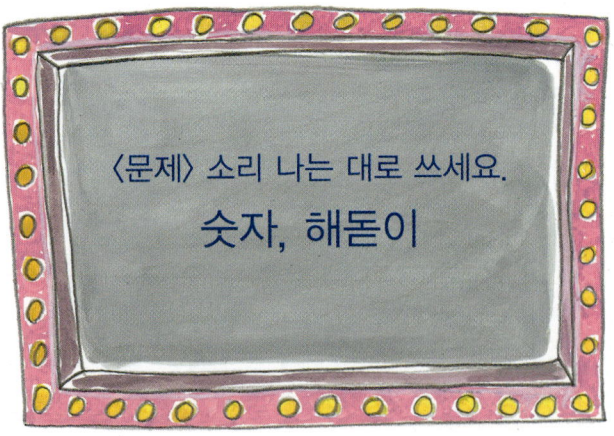

문제를 본 출연자들은 긴장한 얼굴로 정답판에 답을 썼어요. 가장 먼저 슬찬이가 답을 썼습니다.

"답을 다 쓰셨으면 정답판을 들어 주십시오."

진행자 말에 따라 출연자들이 동시에 정답판을 들었어요. 진행자는 슬찬이를 매서운 눈초리로 쏘아보며 말했어요.

"그럼 가장 먼저 쓴 슬찬 군의 답을 보도록 하죠."

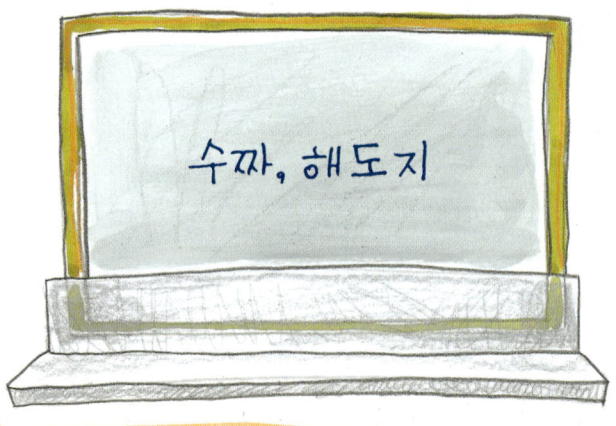

슬찬이는 자신 있는 얼굴로 정답판을 똑바로 들어 보였어요. 진행자는 슬찬이의 정답판을 보고 큰 소리로 외쳤어요.

"틀렸습니다."

그 순간 슬찬이는 깜짝 놀랐어요. 텔레비전을 보고 있던 화랑과 아리도 어리둥절했지요.

화랑이 흥분하여 아리를 보고 말했어요.

"뭐, 틀렸다고? 말도 안 돼. 정답이 맞는데 왜 틀렸다는 거야? 그럼 정답이 뭐란 말야?"

아리는 텔레비전에서 눈을 안 떼고 말했어요.

"진행자가 착각한 것 같아."

화랑과 아리는 다시 텔레비전을 보았어요. 슬찬이는 첫 번째 문제를 못 맞힌 탓인지 얼굴이 벌개졌어요. 진행자는 여전히 무뚝뚝한 말투로 두 번째 문제를 냈습니다.

"다음 문제입니다. 화면을 보시죠."

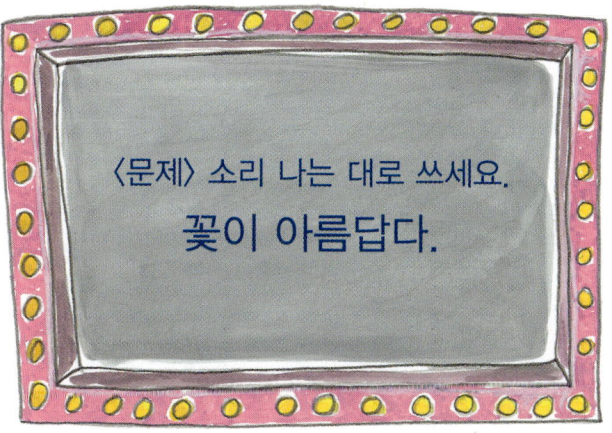

이번에도 슬찬이가 가장 먼저 답을 썼어요.

진행자는 다른 출연자들이 답을 쓰기도 전에 슬찬이를 바라보며 말했어요.

"슬찬 군의 답을 먼저 보겠습니다."

당황한 슬찬이는 얼떨결에 정답판을 들었어요.

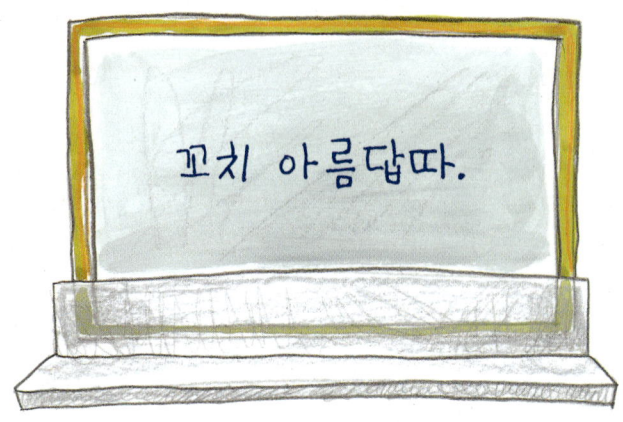

진행자는 슬찬이가 쓴 정답을 보고 또다시 큰 소리로 외쳤어요.

"네, 틀렸습니다."

화랑과 아리는 놀라서 동시에 소리쳤어요.

"뭐?"

심상치 않은 낌새를 느낀 화랑과 아리는 가만히 앉아 있을 수가 없었어요.

화랑이 흥분하여 소리쳤어요.

"분명히 맞았는데 또 틀렸다고 하는 게 아무튼 이상해. 아리, 일단 방송국으로 가자."

"알았어, 대장!"

화랑과 아리는 장비를 챙길 겨를도 없이 오토바이를 타고 서둘러 방송국으로 갔어요.

방송국 앞에 오토바이가 끼익 멈춰 섰어요. 화랑과 아리는 막아서는 경비원을 뚫고 방송국 안으로 뛰어 들어갔어요.

그런데 이게 웬일이에요?

우리말 겨루기가 진행되었던 스튜디오는 텅 비어 있었어요. 진행자도 방청객도 아무도 없었어요.

"벌써 끝난 건가? 슬찬이는 어디 있지?"

"대장, 찾아보자."

화랑과 아리는 스튜디오를 구석구석 찾아보았어요. 하지만 슬찬이는 어디에도 없었어요.

"우리말 겨루기가 끝나고 집에 갔을 거야."

말은 그렇게 했지만 화랑은 무척 불안했어요.

화랑과 아리는 터벅터벅 걸어서 방송국을 나왔어요. 둘이 막 오토바이에 올라타려는데 한 경비원이 다가와 화랑한테 쪽지를 건네주었어요.

"어떤 분이 전해 달라고 해서요."

화랑은 쪽지를 펴 보았어요. 쪽지를 들고 있는 화랑의 손이 바르르 떨렸어요.

슬찬이는 우리가 데려간다.
슬찬이를 찾으려면
글자의 집으로 와라.

"왜 그래? 대장, 뭐라고 적혀 있어?"

아리는 화랑한테 쪽지를 낚아채듯 빼앗아 읽었어요. 그러고 나서 오토바이에 오르며 말했어요.

"대장, 내가 가라는 데로만 가. 자, 어서!"

정신 나간 얼굴로 멍하니 서 있던 화랑은 그제야 오토바이에 올라타고 재빨리 내달렸어요.

끼이이익!

한참 달리던 오토바이가 엄청 시끄러운 소리를 내며 미술관 앞에 멈췄어요.

오토바이에서 뛰어내린 아리는 미술관으로 뛰어 들어갔어요. 뒤쫓아 온 화랑이 아리를 붙잡고 물었어요.

"아리, 미술관에는 왜 온 거야?"

"우리말 겨루기 진행자 말이야. 전에 미술관에서 봤던 험상궂게 생긴 관리인이었어. 그때도 왠지 수상쩍어 보였는데……."

"아, 맞다! 어쩐지 낯익더라."

화랑과 아리는 미술관 곳곳을 뛰어다니며 슬찬이를 찾았어요.

"슬찬아! 슬찬아!"

슬찬이는 못 찾고 시간만 지나가자 화랑과 아리는 점점 더 초조해졌어요.

"미술관에는 없어. 관리인도 안 보이잖아?"

아리는 안절부절못했어요.

"아리, 슬찬이를 찾고 싶으면 글자의 집으로 오라고 했잖아. 여긴 글자의 집이 아니야."

화랑 말을 들은 아리는 잠깐 골똘히 생각하더니 갑자기 손뼉을 치며 소리쳤어요.

"그래 거기다!"

"거기라니? 거기가 어디야?"

"일단 따라와, 대장!"

아리와 화랑은 날쌔게 오토바이에 올라타고 도로를 달렸어요. 화랑은 속도를 더 높였어요.

그런데 갑자기 날이 어두컴컴해지더니 소나기가 내렸어요. 아리와 화랑은 장대 같은 빗줄기를 뚫고 달리면서 슬찬이한테 아무 일도 없기를 빌고 또 빌었어요.

　아리가 생각한 글자의 집은 바로 도서관이었어요.

　화랑과 아리는 물에 빠진 생쥐 꼴로 조심스럽게 도서관 안으로 걸어 들어갔어요.

　도서관 안은 깜깜하고 고요했어요. 비에 젖은 화랑과 아리의 옷자락에서 떨어지는 빗방울 소리만 똑똑 들릴 뿐이었지요.

　손전등을 든 화랑과 아리는 열람실로 갔어요.

　삐그덕…….

　열람실 문 소리가 유난히 크게 울려 퍼졌어요.

　열람실로 들어간 화랑과 아리는 약한 손전등 불빛으로 둘레를 살펴보았어요. 책들이 빽빽이 꽂혀 있는 책장, 책상, 의자가 빽빽하게 놓여 있을 뿐 인기척은 없었어요.
"다른 열람실로 가 보자."
화랑이 아리 손을 잡아끌었어요.
그때였어요. 열람실 문이 쾅 닫혔어요. 깜짝 놀란 화랑과 아리는 문을 세차게 두드렸어요.
"문 열어요. 밖에 아무도 없어요?"
화랑과 아리는 그만 열람실에 갇히고 말았어요.

한편, 용바우는 우리말 구조대 사무실 옆 중국집에 앉아 누군가를 기다리고 있었어요.
"여기야!"
용바우는 막 문을 열고 들어오는 슬찬이를 보고 손을 흔들었어요.
"배고파서 혼났어. 왜 이렇게 늦었어?"
용바우는 슬찬이가 자리에 앉자 웃으며 말을 걸었어요. 슬찬이는 시무룩한 얼굴로 아무 대답도 안 했어요.
"슬찬아, 우리말 겨루기에서 꼴등했다고 그렇게 풀이 죽은 거야? 걱정 마. 이 형은 말이야, 학교 다닐 때 꼴등을 맡아 놓고 했어도 이렇게 훌륭한 어른이 됐단 말야."
용바우는 어깨를 으쓱거렸어요.
슬찬이는 흘러내린 안경을 추어올리며 말했어요.
"전 소리 나는 대로 똑바로 잘 썼단 말이에요."

우리말은 쓴 대로 발음하지 않고 소리 나는 대로 읽는 것이 원칙이에요. 만약 한 글자씩 또박또박 읽으면 말하는 사람도 듣는 사람도 어색합니다.
그래서 글자마다 어떻게 읽어야 하는지 알아 두어야 해요.
오늘 우리말 겨루기에 나온 문제의 정답을 알아볼까요?

"전 분명히 답을 맞혔어요. 꼴등이 아니라고요."

슬찬이는 억울하다는 얼굴로 툴툴거렸어요.

"아, 알았어, 알았다고. 우리말 천재 소년 슬찬 군, 오늘도 자장면? 오케이?"

"네!"

슬찬이는 자장면이라는 말에 얼굴이 금세 밝아졌어요.

용바우는 갑자기 생각났다는 듯이 말했어요.

"화랑과 아리는 도대체 어디로 사라진 거야? 혹시 둘이 데이트하는 거 아냐?"

용바우 얼굴이 붉으락푸르락했어요.

글자 도시

"밖에 아무도 없어요? 문 좀 열어 주세요."

화랑은 열람실 문을 쉴 새 없이 두드리며 큰 소리로 외쳤어요.

그러나 문 밖에서는 아무런 응답이 없었어요.

"대장, 소용 없어. 도서관에는 아무도 없다고."

아리가 바닥에 주저앉아 힘없이 말했어요.

"나갈 방법이 있을 거야. 넌 여기 있어. 내가 찾아보고 올게."

화랑은 손전등 불빛을 비춰 가며 더듬더듬 열람실 안쪽으로 들어갔어요.

시간이 얼마쯤 지났을까?

우당탕탕…….

"어? 이게 무슨 소리지?"

아리는 깜짝 놀라 벌떡 일어났어요.

"대장, 무슨 일이야?"

하지만 화랑의 말소리는 들리지 않았어요. 아리는 무작정 어두운 열람실 안쪽으로 들어갔어요.

조금 뒤, 깜깜한 열람실 안쪽에서 아리의 비명 소리가 들렸어요.
"으악!"

한편, 저녁을 먹고 우리말 구조대 사무실에 온 용바우와 슬찬이는 팔씨름을 하고 있었어요.
둘 다 아주 즐거웠어요.
"야호! 이겼다. 슬찬아, 열 번 해서 열 번 모두 내가 이겼어!"
"너무해요. 한 번쯤 져 줄 수도 있잖아요."
슬찬이는 약이 오르는지 입술을 실룩거렸어요.
"힘 좀 썼더니 배가 또 고프군."
용바우는 침을 꼴깍 삼켰어요.
"못 참겠다. 슬찬아, 나가자."
용바우는 안 가겠다는 슬찬이를 굳이 데리고 분식점에 갔어요.
"넌 뭘 먹을래?"
자리에 앉자마자 용바우가 슬찬이한테 물었어요.
"전 안 먹어도 되는데……."
배가 고프지 않은 슬찬이는 머뭇거렸어요.
"저기 차림표 있지? 골라 봐."
용바우는 손가락으로 벽 쪽을 가리켰어요.
슬찬이는 음식을 고를 생각은 안 하고 의아한 얼굴로 차림표를 바라봤어요.

물 한 잔을 단번에 쭉 들이마신 용바우는 슬찬이를 다그쳤어요.

"슬찬아, 뭐 먹을 거야?"

슬찬이는 여전히 차림표를 물끄러미 바라보기만 했어요.

"아이고, 나 먼저 시켜야겠다. 아줌마, 여기 오뎅이랑 야끼만두 주세요."

용바우는 음식을 시키고 나서야 느긋해졌어요.

"슬찬아, 아까부터 왜 차림표만 뚫어져라 바라보는 거야?"

"용바우 형, 저기 차림표에 쓰여 있는 음식 이름들이요, 이상하지 않아요?"

"이상하다니? 뭐가?"

용바우는 차림표를 힐끔 보고 나서 주방을 향해 외쳤어요.

"빨리 좀 주세요. 배가 엄청 고프다고요."

용바우는 음식이 나올 때까지 툴툴거렸어요. 슬찬이는 무슨 생각을 하는지 차림표에서 눈을 뗄 줄 몰랐지요.

　음식을 먹고 분식점에서 나와 용바우와 헤어진 슬찬이는 집으로 걸어가고 있었어요.

　모퉁이를 돌아 도서관 앞을 지날 때였어요. 무슨 생각을 하느라 느릿느릿 걸어가던 슬찬이는 걸음을 멈췄어요.

　"그래, 뭐가 이상한지 알았어."

　슬찬이는 주먹으로 머리를 툭 치며 중얼거렸어요.

우리말인 줄 알고 있었던 말들이 알고 보면 일본 말인 경우가 많아요. 우리도 모르는 사이에 무심코 쓰는 일본 말은 어떤 것이 있는지 알아볼까요?

 슬찬이는 그 길로 다시 분식점에 가서 주인 아줌마한테 차림표에 있는 일본 말 음식 이름들을 우리말로 고쳐 달라고 말했어요.
 "아유, 똑똑하기도 하지. 그래, 고칠게. 알려 줘서 고맙다."
 주인 아줌마한테 칭찬을 들은 슬찬이는 얼굴이 빨개져서 분식점을 나왔어요.
 그때였어요. 누군가가 등 뒤에서 슬찬이를 불렀어요.
 "슬찬아, 슬찬아!"
 슬찬이는 고개를 돌려 뒤를 돌아보았어요. 그러고는 그만 정신을 잃고 쓰러졌어요.

눈을 번쩍 뜬 슬찬이는 자기가 침대에 누워 있다는 것을 알고 마음이 놓였어요. 침대에 누운 채 둘레를 살펴보았지요.

방 안 분위기는 밝고 아늑했어요.

조금 뒤 방문이 열리고 마음 좋게 생긴 뚱뚱한 아줌마가 방 안으로 들어왔어요.

"깨어났구나."

슬찬이는 힘없는 목소리로 말했어요.

"여, 여기가 어디예요?"

"차츰 알게 될 거란다. 아침밥을 먹고 외출할까 하는데, 괜찮겠지?"

아줌마는 슬찬이를 일으켜 앉혀 놓고 아침 밥상을 들고 왔어요.

아침밥을 먹고 밖으로 나온 슬찬이는 낯선 도시 풍경에 눈이 휘둥그레졌어요. 눈앞에 보이는 도시는 지금까지 보았던 여느 도시와 사뭇 달랐어요. 빽빽이 들어선 빌딩들, 차도를 달리는 자동차, 길가에 있는 나무조차 온통 글자 모양이었어요. 자세히 보니까 사람들 이마에도 글자들이 새겨져 있었어요.

꿈을 꾸듯 멍한 채 말을 못하는 슬찬이를 보고 아줌마가 입을 열었어요.

"놀랐지? 여기는 글자 도시란다."

"글자 도시요? 제가 왜 여기에……."

"슬찬이 네가 우리를 도와줬으면 해서 이리 데려온 거야."

　아줌마와 슬찬이는 글자 모양 의자 위에 앉아서 이야기를 나누었어요.

　"얼마 전까지만 해도 우리 글자 도시는 걱정거리 하나 없이 아주 평화로웠단다. 그런데 어느 날 글자 세균들이 생기면서 글자들이 점점 변해 갔어. 세균에 감염된 글자들은 마침내 반란까지 일으켰단다."

　아줌마는 도시 한복판에 우뚝 솟은 커다란 책 모양 건물로 슬찬이를 데려갔어요.

　초고속 승강기를 타고 건물 꼭대기까지 올라간 두 사람은 보안

장치가 된 문을 여러 개 지나 통제실로 들어갔어요. 통제실 한쪽 벽면에는 화면 수십 대가 설치되어 있었어요.

슬찬이 눈동자가 호기심으로 빛났어요.

"이것들은 글자 도시 곳곳을 보여 주는 화면들이란다."

아줌마가 설명한 대로 화면은 글자 도시에서 그때그때 벌어지는 일들을 생생하게 전하고 있었어요.

슬찬이가 화면 위에 있는 불들을 가리키며 물었어요.

"화면 위에 켜진 빨간 불, 초록 불, 노란 불은 뭐예요?"

아줌마는 금세 얼굴빛이 어두워지더니 힘없이 말했어요.

"빨간 불은 이미 글자 세균에 감염된 위험한 지역이란다. 초록 불은 아직 안전한 곳이지. 노란 불은 세균에 감염될 가능성이 있는 지역이야."

"빨간 불이 반 이상 켜져 있네요?"

아줌마는 한숨을 내쉬고 나서 슬찬이 손을 꼭 잡으며 간절하게 말했어요.

"슬찬아, 우리를 도와 다오."

"제가요? 제가 어떻게……."

"슬찬이 너라면 우리를 도와줄 방법을 꼭 알아내리라 믿는다."

슬찬이는 마치 꿈을 꾸는 것만 같았어요. 평범한 어린아이인 자기한테 일어난 일이 도무지 믿기지 않았어요.

슬찬이가 어쩔 줄 몰라 어리둥절해하고 있을 때, 아줌마는 노란 불이 켜져 있는 화면을 보며 말했어요.

"저 사람들은 누구지?"

슬찬이는 아줌마가 보고 있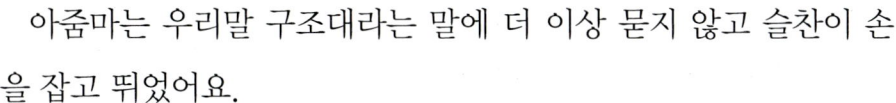는 화면을 바라보다가 화들짝 놀라 소리쳤어요.

"어, 대장이랑 아리 누나잖아?"

"아는 사람들이야?"

"우리말 구조대원들이에요."

아줌마는 우리말 구조대라는 말에 더 이상 묻지 않고 슬찬이 손을 잡고 뛰었어요.

얼마 뒤, 아줌마와 슬찬이가 탄 자동차가 복잡한 도시를 벗어나 식당가에 다다랐어요. 식당들 앞에는 여러 사람들이 웅성거리며 모여 있었어요. 사람들은 빙 둘러서 있었고, 그 안쪽에 화랑과 아리가 있었어요.

자동차에서 내린 슬찬이는 무턱대고 화랑과 아리를 부르려고 했어요. 아줌마는 슬찬이를 붙잡고 조용히 하라며 손가락을 입에 갖다 댔어요.

아줌마와 슬찬이는 자동차 뒤에 숨어 지켜보기로 했습니다.

사람들은 화랑과 아리한테 무언가를 하라고 시키고 있었어요. 화랑과 아리는 고개를 저으며 하지 않겠다고 버텼지요.

화랑은 힘주어 말했어요.

"싫다. 그렇게 부를 수 없어."
아리도 사람들한테 소리쳤어요.
"자꾸 이러면 당신들을 공격할 수밖에 없어."
갑자기 사람들 눈이 빨갛게 반짝였어요. 사람들은 공격 자세를 취했어요. 아리는 아차 싶었지만 이미 때가 늦었지요.
사람들은 두 주먹을 불끈 쥐고 한 걸음 한 걸음 좁혀 와 화랑과 아리를 궁지에 몰았어요.
저벅, 저벅, 저벅…….
화랑과 아리는 방어 자세를 취했어요.
그때 슬찬이가 자동차 뒤에서 뛰쳐나와, 화랑한테 볼펜을 힘껏 던지면서 소리쳤어요.
"대장, 글자 청소기 받아요!"
글자 청소기라는 말에 사람들은 움찔하며 멈춰 섰지요.
화랑은 볼펜을 높이 쳐들고 외쳤어요.
"이 글자 청소기로 말썽 부리는 글자들을 모조리 빨아들이겠다!"
사람들은 부들부들 떨었어요. 어디로 가야 할지 몰라 비틀거리기도 하고, 서로 떼밀고, 우왕좌왕했지요. 어떤 사람은 그 자리에 주저앉기도 했어요.
조금 뒤 사람들한테서 검은 연기처럼 보이는 기운이 밖으로 빠져 나가는 게 보였어요.

제정신을 차린 사람들은 얼굴도 맑아지고 이마에 새겨진 글자들도 선명해졌어요. 자세히 보니까 몇몇 사람들 이마에는 '어묵', '튀김만두', '팥빵'이라고 쓰여 있었어요.

아줌마가 앞으로 나와 말했어요.

"하마터면 이 지역이 일본 말 세균에 감염될 뻔했네요. 이 사람들은 세균에 감염되어 일본 말이 우리말이라고 믿었던 거예요. 슬찬이와 우리말 구조대 덕분에 세균에 감염되지 않았어요. 정말 고마워요."

사람들은 우리말 구조대를 향해 만세를 불렀어요.

화랑, 아리, 슬찬이는 글자 도시를 처음 봤을 때처럼 정신이 하나도 없었답니다.

글자 도시에서 돌아온 화랑과 아리와 슬찬이는 용바우와 함께 분식점에 음식을 먹으러 갔어요.

자리에 앉자 화랑이 슬찬이한테 물었어요.

"슬찬아, 볼펜을 글자 청소기라고 재치 있게 말할 생각을 어떻게 했어?"

"헤헤, 잘 모르겠어요. 그냥 그렇게 되더라고요."

슬찬이는 멋쩍은 듯 머리를 긁적였어요.

"슬찬이 덕분에 우리가 위험한 순간을 벗어날 수 있었어."

아리도 슬찬이를 칭찬했어요. 슬찬이 얼굴이 금세 새빨개졌지요.
"아유, 배고파. 얘기는 나중에 하고 음식부터 빨리 시키자."
용바우는 차림표를 보았어요.

"어? 차림표가 바뀌었네? 언제 바뀌었지?"

"아줌마, 여기 어묵이랑 튀김만두 많이 주세요."

용바우는 주문을 하고서야 갑자기 따지듯 물었어요.

"그런데 대장이랑 아리는 어제 어디 갔었어? 슬찬이도 곧장 집에 안 가고 어디를 갔던 거냐?"

화랑과 아리와 슬찬이는 동시에 말했어요.

"비밀!"

"뭐야? 혹시 나만 빼놓고 셋이서 놀이공원에 간 거야?"

단단히 삐친 용바우는 씩씩거렸어요. 화랑과 아리와 슬찬이는 킥킥대며 애써 웃음을 참았지요.

글자 사냥꾼

슬찬이는 글자 도시에 다녀온 뒤로 말수도 적어지고 잘 웃지도 않았어요. 하루 종일 방에 틀어박혀 지내는 날이 많았어요.

화랑은 슬찬이가 걱정되어 슬찬이네 집을 찾아갔어요. 책상 앞에 앉아 있는 슬찬이는 화랑이 들어온 것도 모르고 컴퓨터에 빠져 있었어요.

화랑은 슬찬이 어깨에 손을 얹으며 말했어요.

"슬찬아!"

"앗, 깜짝이야. 어, 어, 언제 오셨어요?"

슬찬이는 어찌나 놀랐는지 말까지 더듬었어요.

"뭘 하기에 내가 들어온 것도 몰라?"

"그게, 저기……."

슬찬이는 몸으로 컴퓨터 화면을 가리며 얼버무렸어요.

"슬찬아, 요즘 무슨 걱정 있어? 글자 도시에 다녀온 뒤로 웃는 얼굴을 못 보겠구나."

"사실은……, 글자들한테 약속을 했거든요."

"약속? 무슨 약속?"

슬찬이는 잠깐 망설이다가 글자 도시에서 있었던 일을 화랑한테 들려주었어요.

슬찬이 이야기를 듣고 난 화랑은 그제야 슬찬이가 왜 말수가 줄고 웃지 않았는지 알 수 있었어요.

"걱정이 많았구나. 글자들을 도울 방법은 찾았어?"

슬찬이는 컴퓨터 화면을 가리키며 말했어요.

"글자 세균 치료하는 방법을 연구하고 있어요."

"슬찬이, 넌 꼭 해낼 거야. 우리말 구조대도 글자들을 도울 다른 방법을 찾아볼게."

화랑은 방을 나가면서 엄지를 번쩍 들어 보였어요. 슬찬이는 씨익 해맑게 웃었어요.

우리말 구조대 사무실에 돌아온 화랑은 아리와 용바우를 불렀어요.

"오늘 대원들을 모이라고 한 것은 글자 도시에 가야 해서야."

화랑이 말을 꺼내자 용바우가 코를 후비며 물었어요.

"글자 도시라니? 그런 도시도 있어?"

화랑은 용바우한테 아리와 같이 도서관 열람실에 갇혔던 일과 글자 도시에 갔던 일을 자세히 얘기했어요.

"뭐야? 왜 이제야 얘기하는 거야? 난 또 둘이 데이트한 줄 알았잖아."

용바우는 졸였던 마음이 놓이는 듯했어요.

"아무튼 우린 다시 글자 도시에 가서 글자들을 도와야 해."

"대장, 글자 도시는 어떻게 가지? 버스 타고 가나, 지하철 타고 가나?"

용바우가 장난스럽게 말하자, 잠자코 듣고 있던 아리가 버럭 화를 냈어요.

"용바우! 이건 장난이 아니야. 글자들은 어려움을 겪고 있다고. 글자들이 모두 세균에 감염되면 어떤 일이 일어날지 몰라."

금세 기가 죽은 용바우는 입을 꼭 다물었어요.

화랑은 아리와 용바우를 번갈아 바라보며 큰 소리로 말했어요.

"글자들이 모두 세균에 감염되기 전에 우리가 막아야 해."

다음 날, 슬찬이가 우리말 구조대를 찾아갔을 때 사무실에는 아무도 없었어요. 대신 문에 쪽지가 붙어 있었어요.

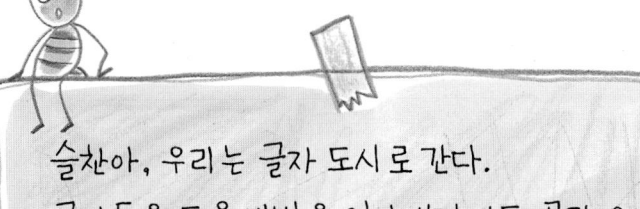

슬찬아, 우리는 글자 도시로 간다.
글자들을 도울 방법을 알아내면 너도 곧장 오너라.
우리는 온 힘을 다해 글자들을 지킬 거야.

─우리말 구조대

"네. 저도 온 힘을 다해 글자들을 도울 방법을 알아낼게요. 약속해요."

슬찬이는 글자들과 약속한 것을 반드시 지키리라 몇 번이고 다짐했어요.

쿠당탕 꽈당…….

도서관에서 조용조용 걷다가 용바우가 미끄러져 뒤로 벌렁 넘어졌어요. 용바우는 엉덩이를 문지르며 물었어요.

"아이고, 대장! 글자 도시에 간다더니 도서관에는 왜 온 거야?"

"다 까닭이 있지. 글자 도시로 통하는 비밀 통로가 여기에 있거든. 조심해서 따라와!"

화랑은 열람실 쪽으로 조심스럽게 발걸음을 옮겼어요.

열람실에 들어선 우리말 구조대는 맨 끝에 있는 책장 앞으로 갔어요.

"아리, 이 책장 아래에 통로가 있었지?"

"그래, 대장. 내가 앞장설게. 용바우 데리고 뒤따라와."

아리는 책장 아래쪽 바닥에 있는, 바둑알처럼 생긴 단추를 발로 꾹 눌렀어요. 바닥이 자동문처럼 양쪽으로 벌어지면서 계단이 나타났습니다.

아리는 계단을 천천히 내려갔어요.

"자, 이번엔 네 차례야."

화랑은 용바우를 보고 씨익 웃었어요. 용바우는 놀란 토끼 눈을 하고서 벌벌 떨었어요.

"대, 대장. 안 가면 안 될까?"

화랑은 솥뚜껑만한 용바우 손을 덥석 잡고 계단 아래로 끌고 내려갔어요.

우리말 구조대가 글자 도시에 다다랐어요. 글자 도시는 아주 평화로워 보였어요. 눈이 부실 만큼 맑고 따뜻한 날씨에 사람들은 행복해하며 거리를 걸어다녔어요. 어떤 사람들은 우리말 구조대원들을 보고 웃으며 인사까지 나누었지요.

용바우가 들뜬 목소리로 말했어요.

"뭐야? 아무 일도 없잖아. 잘됐다. 실컷 구경이나 하고 가야지."

화랑과 아리는 당황스러웠어요.

며칠 전까지만 해도 도시 곳곳이 잿더미였고, 사람들은 슬픔에 빠져 있었으니까요.

"아리, 이게 어찌 된 일이지? 그동안 일이 잘 해결된 건가?"

아리는 날카로운 눈빛으로 둘레를 살펴보며 말했어요.

"아냐, 그럴 리가 없어. 뭔가 이상해."

"이상하긴 하네. 사람들 이마에 적힌 게 뭐야? 이름표야?"

용바우 말에 아리가 갑자기 소리쳤어요.

"사람들 이마에 적힌 글자들이 왜 다 똑같지? 저것도 좀 봐."

아리는 높은 건물 위에 있는 전광판을 가리켰어요.

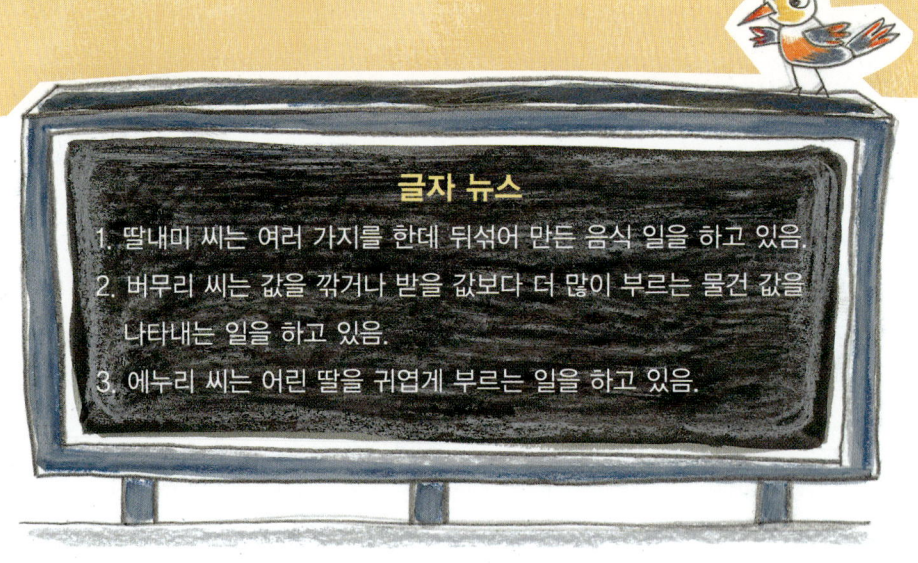

"저게 왜? 재미있기만 하네. 글자들은 저런 걸 뉴스라고 전한단 말이야?"

용바우는 마냥 신 나는지 키득키득 웃었어요.

"자세히 봐. 글자 뜻이 모두 틀렸잖아."

아리 말에 용바우는 멍한 표정을 지으며 말했어요.

"그래? 난 잘 모르겠는데?"

어린 딸을 귀엽게 부르는 우리말은 '딸내미'.

여러 가지를 한데 뒤섞어서 만든 음식을 뜻하는 우리말은 '버무리'.

값을 깎거나 받을 값보다 더 많이 부르는
물건 값을 뜻하는 우리말은 '에누리'.

우리말은 재미있고 아름다운 말이 많아요.
우리말은 세계 어느 나라 말보다도 훌륭해요.
이처럼 소중한 우리말을 아끼고 잘 가꾸어야겠죠.

용바우는 아리한테 애교를 떨며 말했어요.

"아리, 이제 알겠어. 말해 줘서 고마워잉."

아리는 여전히 심각한 얼굴로 화랑을 보며 말했어요.

"대장, 이 지역도 틀림없이 글자 세균에 감염된 거야."

아리 말이 끝나자마자 눈 깜짝할 사이에 모든 게 변했어요. 사람들은 모두 사라지고 도시 전체가 폭탄을 맞은 듯 잿더미로 변해 버렸어요.

어디선가 유령 울음소리 같은 소리가 들려왔어요.

"크흐흐흐……, 크흐흐흐……."

우리말 구조대원들은 비명을 질렀어요.

"으악!"

이어서 우리말 구조대원들을 비웃는 목소리가 들렸어요.

"음하하하, 우리말 구조대는 몽땅 겁쟁이인가 보군."

우리말 구조대 대장인 화랑이 눈살을 찌푸리며 소리쳤어요.

"넌 누구냐?"

"나? 음하하하, 난 글자들을 인정사정없이 잡아 버리는 글자 사냥꾼이다."

글자 사냥꾼은 아주 건방지게 말했어요.

"오호라, 그럼 네가 바로 세균을 퍼뜨린 녀석이구나. 비겁하게 숨어서 쫑알대지 말고 얼른 나와라. 내가 상대해 줄 테다."

용바우는 큰소리를 탕탕 쳤어요. 하지만 두 다리는 달달 떨고 있었지요.

"난 싸움을 좋아하지 않아. 하지만!"

글자 사냥꾼은 갑자기 사납게 고함을 질렀어요.

"너희를 이대로 돌려보낼 순 없지. 세균에 감염된 글자 도시에 영원히 가두어 버릴 테다."

"그렇게는 안 될걸!"

이번에는 다른 목소리가 들렸어요. 남자 아이 목소리였지요.

"어? 저건 슬찬이 목소린데?"

슬찬이는 통제실에 있는 글자 사냥꾼 등 뒤에 서 있었어요.

글자 사냥꾼은 뒤를 돌아보았어요. 글자 사냥꾼은 검은 복면을 얼굴에 뒤집어쓰고 있었어요.

"웬 꼬마 녀석이냐?"

"전 꼬마가 아니에요. 슬찬이라고요."

"그래도 높임말을 쓰는 것을 보니 예의 바른 녀석이군. 어쨌든 여긴 애들 놀이터가 아니다. 얼른 집으로 돌아가."

글자 사냥꾼은 귀찮다는 듯이 나가라고 손짓했어요.

"안 그래도 집에 가려고 했어요. 글자 도시에서 제가 할 일을 다 끝냈거든요."

뭔가 보통 일이 아니라고 생각한 글자 사냥꾼은 슬찬이한테 따져 물었어요.

"너 같은 꼬마 녀석이 여기서 할 일이 뭐였는데?"

슬찬이는 흘러내린 안경을 추어올리며 큰 소리로 말했어요.

"글자들을 감염시킨 세균을 치료하는 일이었어요. 이제 모든 게 정상으로 돌아왔다고요."

"뭣이?"

깜짝 놀란 글자 사냥꾼은 화면 위에 켜진 불빛들을 보았어요. 바이러스에 감염된 지역을 나타내는 빨간 불이 모두 초록 불로 바뀌어 있었어요.

"크아아아……. 그동안 애쓴 것을 한순간에 무너뜨리다니! 못된 꼬마 녀석, 가만두지 않겠다."

글자 사냥꾼은 사자가 포효하듯 울부짖고 나서 두 주먹을 불끈 쥐고 슬찬이 쪽으로 다가갔어요.

슬찬이는 벽까지 뒷걸음질했어요. 이제 더 이상 물러설 데가 없었어요.

바로 그때, 통제실 문이 열리면서 우리말 구조대 삼총사가 안으로 뛰어 들어왔어요. 삼총사는 글자 사냥꾼을 향해 글자 청소기를 들이댔습니다.

화랑은 기세등등하게 외쳤어요.

"글자 사냥꾼! 우리말 구조대가 널 사냥하러 왔다."

우웅 위윙윙윙…….

글자 청소기가 글자 사냥꾼을 세차게 빨아들였어요.

"으아아아악……."

글자 사냥꾼이 글자 청소기에 빨려 들어가면서 얼굴에 쓰고 있던 복면이 벗겨졌어요. 글자 사냥꾼은 다름 아닌 미술관 관리인이자 우편집배원, 우리말 겨루기 진행자였습니다.

화랑은 슬찬이를 와락 끌어안았어요.

"슬찬아! 네가 해낼 줄 알았어."

슬찬이는 화랑 품에 안겨 울먹이며 말했어요.

"왜 이제야 오셨어요? 얼마나 무서웠다고요."

아리는 슬찬이 등을 토닥이며 말했어요.

"미안. 그런데 슬찬아, 바지가 왜 젖었어?"

슬찬이 얼굴은 금세 빨개졌어요. 용바우가 둘 사이에 끼어들며 말했어요.

"그게 말이시, 슬찬이 바지에만 비가 왔있거든."

용바우가 능청스럽게 말하자 모두 웃음을 터뜨렸어요.

"하하하하……."

우리말 구조대 삼총사와 슬찬이는 기뻐서 크게 소리치는 글자들한테 배웅을 받으며 글자 도시를 떠났습니다.

우리말 바로 쓰기

※ 아래에 나온 말들은 발음이 같지만 뜻이 다른 말, 서로 비슷해서 잘못 쓰기 쉬운 말, 높임말과 예사말, 흔히 쓰는 외래어, 잘 알아 두면 유익한 우리말 들을 모아 놓은 거예요. 바른 우리말을 쓰는 데 도움이 될 테니 잘 익혀 두세요.

발음이 같지만 뜻이 다른 말

배 배나무 열매
[배나무마다 배가 주렁주렁 열렸다.]

배 사람이나 동물 몸에서 가슴과 엉덩이 사이에 있는 부분
[누구나 배 한가운데 배꼽이 있다.]

배 사람이나 물건을 싣고 물에 떠다니게 만든 물건
[바다에 고기잡이배가 떠 있었다.]

눈 하늘에서 내리는 눈
[하얀 눈이 내리자 아이들은 눈사람을 만들었다.]

눈 사람이나 동물이 물체를 볼 수 있는 감각 기관
[눈이 아파서 안과에 갔다.]

말 달리는 말
[말을 타고 숲 속을 신 나게 달렸다.]

말 입으로 하는 말
[말을 많이 했더니 배가 무척 고팠다.]

돌 바위가 부서져서 된 자갈
[황금 보기를 돌같이 하라.]

돌 특정한 날이 해마다 돌아올 때, 그 횟수를 세는 단위
[강당에서 개교 10돌 기념식이 열렸다.]

천	옷, 이불 따위를 만드는 재료 [옷을 만들려면 마음에 드는 천을 골라라.]
천	열의 백 배가 되는 수 [일에서 천까지 더하시오.]
매	새의 한 종류 [매가 하늘을 빙빙 돌며 날고 있다.]
매	회초리, 막대기, 몽둥이 따위 [어머니는 화가 나셔서 매를 드셨다.]

서로 비슷해서 잘못 쓰기 쉬운 말

잊다	기억을 못하다. [어젯밤에 일기 쓰는 것을 깜빡 잊었다.]
잃다	가지고 있던 물건이 자기도 모르게 없어지다. [운동장에서 지갑을 잃어버렸다.]
~장이	기술 따위가 있는 사람을 일컫는 말 [대장장이는 연장과 기구를 만드는 일을 한다.]
~쟁이	행동을 잘하거나 독특한 버릇이 있는 사람을 일컫는 말 [멋을 부리는 사람을 보고 멋쟁이라고 부른다.]
굵다	둘레가 크다. [오래 된 나무는 둘레가 굵다.]
두껍다	두께가 크다. [옷을 두껍게 입어서 춥지 않다.]
가리키다	방향이나 대상을 손짓으로 알리다. [아이가 손가락으로 하늘을 가리켰다.]
가르치다	지식이나 기술을 알려 주다. [할아버지께서 아이들한테 한자를 가르친다.]

우리말 바로쓰기

덥다	기온이 높다.
	[날씨가 매우 덥다.]
덮다	펼쳐진 책 따위를 닫다.
	[시험을 볼 테니 책을 덮어라.]

너머	집이나 산 같은 높은 것의 저쪽
	[산 너머 마을이 있다.]
넘다	이쪽에서 저쪽으로, 공중이나 물건 위를 지나다.
	[고양이가 담을 넘어 달아났다.]

부치다	편지나 물건을 일정한 방법을 써서 상대방한테 보내다.
	[우체국에 가서 편지를 부쳐 주세요.]
붙이다	서로 맞닿아 떨어지지 않게 하다.
	[편지 봉투에 우표를 붙여 주세요.]

맞히다	문제에 옳은 답을 하다. / 목표에 맞게 하다.
	[정답을 알아맞혀 보세요. / 화살을 과녁에 맞혔다.]
맞추다	서로 꼭 맞게 하다.
	[보조를 맞추어 걸어라. / 시험지를 정답과 맞추어 보세요.]

시키다	하게 하다.
	[선생님은 학생들한테 청소를 시켰다.]
식히다	더운 것을 식게 하다.
	[물이 뜨거우니까 식혀 드세요.]

햇볕	해가 내리쬐는 뜨거운 기운
	[햇볕이 따뜻해서 물가로 나들이를 갔다.]
햇빛	해의 빛
	[햇빛이 강해서 선글라스를 썼다.]

높임말과 예사말

진지   '밥'의 높임말
[얘들아, 밥 먹어라. / 할아버지 진지 잡수세요.]

생신   '생일'의 높임말
[친구야, 생일 축하해. / 할머니 생신 축하드려요.]

연세   '나이'의 높임말
[자기의 나이를 말해 보세요. / 할아버지, 연세가 어떻게 되세요?]

말씀   '말'의 높임말
[친구가 나한테 집에 가자고 말했다. / 어머니께서 조용히 말씀하셨다.]

댁   '집'의 높임말
[지하철을 타고 친구 집에 갔다. / 버스를 타고 할아버지 댁에 갔다.]

오시다   '오다'의 높임말
[동생이 가게에서 과자를 사 왔다. / 할머니께서 시장에서 두부를 사 오셨다.]

잡수시다   '먹다'의 높임말
[나는 피자를 맛있게 먹었다. / 할머니는 국수를 맛있게 잡수셨다.]

편찮으시다   '아프다'의 높임말
[꼬마야, 어디 아파? / 할아버지, 어디 편찮으세요?]

주무시다   '자다'의 높임말
[일찍 자라. / 안녕히 주무세요.]

뵙다   '만나다'의 높임말
[내일 친구를 만날 거야. / 내일 선생님을 찾아뵐게요.]

드리다   '주다'의 높임말
[아기한테 인형을 주었다. / 어머니께 꽃을 드렸다.]

여쭈어 보다   '물어보다'의 높임말
[아이한테 이름을 물어보았다. / 아저씨께 길을 여쭈어 보았다.]

모시고   '데리고'의 높임말
[동생을 데리고 문방구에 갔다. / 할머니를 모시고 병원에 갔다.]

맞춤법 틀리기 쉬운 말

냄비   음식을 끓이거나 삶는 데 쓰는 솥보다 작은 그릇
[남비에 라면을 끓여 먹었다. (X) / 냄비에 라면을 끓여 먹었다. (O)]

베개	누울 때 머리에 괴는 물건
	[예쁜 토끼 벼개를 베고 잤다. (X)
	예쁜 토끼 베개를 베고 잤다. (O)]
지팡이	걸을 때 도움을 얻으려고 짚는 막대기
	[할머니께 지팽이를 갖다 드려라. (X)
	할머니께 지팡이를 갖다 드려라. (O)]
꼭두각시	꼭두각시놀음에 나오는 인형
	[친구와 꼭둑각시 춤을 추었다. (X)
	친구와 꼭두각시 춤을 추었다. (O)]
동녘	동쪽 방향
	[동녁 하늘에 해가 뜨고 있다. (X)
	동녘 하늘에 해가 뜨고 있다. (O)]
단출하다	식구가 적어 홀가분하다. / 간편하다.
	[우리 식구는 단촐하다. (X)
	우리 식구는 단출하다. (O)]
발자국	발로 밟은 흔적
	[눈밭에 구두 발자욱이 찍혔다. (X)
	눈밭에 구두 발자국이 찍혔다. (O)]
별안간	눈 깜박할 사이. 갑자기
	[골목에서 벼란간 아이가 뛰어나왔다. (X)
	골목에서 별안간 아이가 뛰어나왔다. (O)]
벌거숭이	벌거벗은 알몸뚱이
	[벌거송이 아이들이 강에서 헤엄치고 있었다. (X)
	벌거숭이 아이들이 강에서 헤엄치고 있었다. (O)]
떡볶이	가래떡을 토막 내서 양념을 섞어 볶은 음식
	[엄마가 떡뽁기를 만들어 주셨다. (X)
	엄마가 떡볶이를 만들어 주셨다. (O)]
소꿉놀이	소꿉을 가지고 노는 아이들 놀이
	[소꿉놀이할 사람 모두 모여라. (X)
	소꿉놀이할 사람 모두 모여라. (O)]

흔히 쓰는 외래어

어묵 '오뎅'은 일본 말
[아줌마, 오뎅 주세요. (X)
아줌마, 어묵 주세요. (O)]

튀김만두 '야끼'는 일본 말
[나는 야끼만두를 좋아한다. (X)
나는 튀김만두를 좋아한다. (O)]

팥빵 '앙꼬'는 일본 말
[오빠는 앙꼬빵을 맛있게 먹었다. (X)
오빠는 팥빵을 맛있게 먹었다. (O)]

단무지 '다꽝'은 일본 말
[아저씨, 다꽝 많이 주세요. (X)
아저씨, 단무지 많이 주세요. (O)]

목도리 '마후라'는 일본 말
[마후라를 하면 따뜻하다. (X)
목도리를 하면 따뜻하다. (O)]

양동이 '바케쯔'는 일본 말
[바케쯔에 물이 가득하다. (X)
양동이에 물이 가득하다. (O)]

양파 '다마네기'는 일본 말
[냉장고에서 다마네기를 꺼내 오너라. (X)
냉장고에서 양파를 꺼내 오너라. (O)]

나무젓가락 '와리바시'는 일본 말
[부엌에 가서 와리바시 가져올게. (X)
부엌에 가서 나무젓가락 가져올게. (O)]

구슬 '다마'는 일본 말
[내 짝이 나보다 다마가 더 많다. (X)
내 짝이 나보다 구슬이 더 많다. (O)]

| 순수한 우리말 |

딸내미　어린 딸을 귀엽게 부르는 말
　　　　　[우리 예쁜 딸내미 어디 있어?]

버무리　여러 가지를 한데 뒤섞어서 만든 음식
　　　　　[여러 가지 야채와 과일을 섞어 버무리를 만들었다.]

에누리　값을 깎거나 받은 값보다 더 많이 부르는 물건 값
　　　　　[에누리해서 치마를 오천 원에 샀다.]

시나브로　모르는 사이에 조금씩 조금씩
　　　　　[노을이 시나브로 짙어지고 있다.]

생채기　손톱 따위로 할퀴거나 긁어서 생긴 상처
　　　　　[고양이가 할퀴어 손등에 생채기가 났다.]

따따부따　딱딱한 말씨로 시비하는 모양
　　　　　[왜 따따부따 남의 일에 참견이냐?]

깨금발　뒤꿈치를 들어 올린 발
　　　　　[아이들이 한쪽 발을 들고 깨금발로 달려갔다.]

검비검비　어떤 행동을 쉽게 대강대강하는 모양
　　　　　[검비검비하지 말고 열심히 그림을 그려라.]

곰살궂다　성질이 부드럽고 다정하다.
　　　　　[옆집 여자 아이는 성질이 매우 곰살궂다.]

마수걸이　첫 번째로 물건을 파는 일
　　　　　[오후가 되어서야 마수걸이를 했다.]